キッチハイク！　突撃！ 世界の晩ごはん

〜アンドレアは素手でパリージャを焼く編〜

山本雅也

集英社文庫

キッチハイク！
突撃！ 世界の晩ごはん

~アンドレアは素手でパリージャを焼く編~

Contents

Column

キッチハイク！

突撃！ 世界の晩ごはん

〜アンドレアは素手でパリージャを焼く編〜

RED

まえがき

誰と一緒に、なにを食べるか、で人生は決まると思う。

いや、もっというと、人類の未来まで左右するような気さえする。

え？　突然、何を言ってるの？　という声が聞こえてきそうだが、実際そうなのだから仕方がない。誰かと囲む食卓には、それほど大きな影響力があるのだ。

キッチハイクとは、旅先の見知らぬお宅を訪ねてごはんを食べる、言語や国籍、宗教の違う人たちと食卓を囲む、いわばキッチンをヒッチハイクすることを指す造語だ。へぇ～、はじめて聞いた！　という人は、ぜひ広辞苑やWikipediaを調べてみてほしい。たぶんまだ載っていない。そして、今のところ、載る予定もない。けれど、近い将来、きっとみんなが知る言葉になり、当たり前の概念として広まるだろう。僕は、世界中の人がキッチハイクするようになる未来を描いていた。それは、どんなに愉快で豊かな世の中だろうか。

『キッチハイク！　突撃！世界の晩ごはん』は、２０１７年５月に単行本として刊行された。４５０日をかけて、世界１２０都市をまわり、60軒以上のお家《うち》におじゃまして、ごはんを食べさせてもら

った食卓探訪録である。今振り返っても、よくもまぁ、はじめましての人の家に、60回以上も上がり込んだものだ。好奇心と食欲の賜《たま》物《もの》である。いや、というより、なんだかいつもすごくワクワクして、どうもクセになる体験なのだ。やめられない、とまらない、キッチハイク。最後まで慣れることはなく、毎回ドキドキと胸を高鳴らせて玄関の前に立っていた。ひとつひとつの食卓には、歴史も未来も、台所事情も、言うなれば、この世のすべてがあったのだ。

Came as a stranger and left as a friend.
見知らぬ人としておじゃまして、友達として去る

まさに、こういうことなのだろう。たった数時間なのに、驚くほどわかり合える。人と人がつながる確かな実感が食卓にはある。
　メキシコシティのアブラハム親子と食べた、肉厚のサボテンと酸っぱいバッタ。ウィーンのジェレミスとリカルダがつくってくれた、こんがりミートローフ。シギリヤのナヤナ家にあった、見たことも聞いたこともない不思議な調理器具。レンヌのヴァージニーとジャックが用意してくれた絶品ガレットと魅惑のアブサン。済州島のウンヒの家の庭に、モリモリと自生していたエゴマの葉っぱ。

愛くるしい人々、眼《め》の前にある暮らし、対話する息遣い。包み込む街の空気、吹き抜ける風と匂い、日常に溶け込んだ食文化。飾らないいつもの食卓ほど、奥深さを感じられるものがあった。通じ合う時間があった。幸せがあった。彼らにとっての日常は、僕にとっての非日常だった。

この文庫本『キッチハイク！　突撃！世界の晩ごはん～アンドレアは素手でパリージャを焼く編～』は、単行本から、特に情熱あふれる人々を訪ねた選《え》りすぐりの16エピソードを掲載している。また、単行本には掲載できず、お蔵入りとなっていた食卓のエピソードもコラムとして9つ紹介させてもらった。実際に訪れた順ではなく、軽快なリズムで楽しめる順のオムニバス形式なので、単行本とはまた違う味わいが醸し出されていると思う。

世界遺産でも観光名所でもない、はたまた人類が踏み込んだことのない大自然でもない。知っているようで知らない、ふつうの人が暮らすふつうの食卓が、いま世界一おもしろい。人と食から暮らしをのぞくキッチハイクの旅を、思う存分味わってもらえたら何よりだ。

２０２０年10月5日　山本雅也

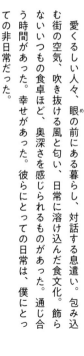

Kuala Lumpur
クアラルンプール／マレーシア

シャムさん親子の食卓

家族
シャム（32歳）・
長女（3歳）・次女（0歳）

　よし、正直に言おう。今、僕は、とびきりビビッている。玄関の前で平静を装うが、心臓の鼓動は速くなるばかりだ。クアラルンプール独特のじめっとした空気にたっぷり汗をかき、腋《わき》の下はびしょびしょである。教えてもらった番地に向かうと、三角屋根の瀟洒《しょうしゃ》な一軒家にたどり着いた。レストランじゃない。屋台でもない。普通の家だ。今から僕は、こちらのお家《うち》におじゃまする。そして、ごはんを食べさせてもらうのだ。初対面の人の家に上がり込んで、一緒に食卓を囲むなんて、どう考えてもおかしな話だ。どんな人か、なんの料理か、仲良くできるか、泥棒と間違われないか。あぁ、いくら考えても埒《らち》が明かない！　待ち合わせの12時になったので、意を決してインターホンを押した。「ブピー」という気の抜ける音が鳴り響く。すると、すぐにドタドタドタという足音がして、勢いそのまま迫ってくるではないか。僕は思わず仰《の》け反《ぞ》った。

「うわ！　いる！　……来る！」

わかっていても驚いた。この時の緊張は一生忘れない。心臓をギューッと握られたようで、いよいよ旅が始まると思った。バァーンと玄関の扉が開き、健康そうに日焼けした女性が現れた。シャムさんだ。

*

旅先の見知らぬお宅を訪ねて、ごはんを食べる。国籍や宗教の違う人たちと、食卓を囲む。いわば、キッチンのヒッチハイク。つまり「キッチハイク」だ！　ダジャレの出来はいったん置いておくとして、そんな愉快でおいしい「キッチハイク」の旅に出た経緯を説明しよう。

「世界がもっと楽しくなるには、どうすればいいか？」

僕は10代の頃から漠然とこの問いの答えを探していた。人生を懸けた謎解きだ。本を

読んだり、友人との遊びを通して自分なりにあれこれ知恵を絞ってみたものの、納得のいく答えを導き出すことはできなかった。高校、大学と卒業して、社会人になると、すぐに目まぐるしい毎日を送ることになった。新卒で入社した広告会社は、仕事も人も刺激的で毎日充実していた。でも、いつだってその壮大な問いは頭の片隅にあった。自分だけじゃない、世の中が沸く楽しいこと、そして社会《もんもん》が前に進む原動力ってなんだろう？　忙しく働きながら、挑戦に値するテーマを悶々と探していた。

２０１２年1月、僕は解決策の原石を見つけた。それが「人を訪ねてごはんを食べる＝キッチハイク」だった。人は、一緒にごはんを食べると、自然と仲良くなる。しかも、おいしいし、楽しい。誰でもごはんは毎日食べるし、その機会にちょっと味つけをするようなものだから、迎え入れる方も食べに行く方も、少し勇気を持って、そこに楽しみを見出すだけだ。「キッチハイク」を世界中の人がするようになれば、世の中もっと楽しくなるのでは？　と思った。ようやく腑《ふ》に落ちる仮説を発見した。だいぶ時間がかかってしまったが、ついに謎が解けるかもしれない。僕はワクワクした。挑戦に値すると確信した。

そうとわかれば、早速、検証してみよう。まずは、自分で世界中の食卓を訪ねることに決めた。新しい常識は、たったひとりの狂気から始まる。いざ、モグモグ・ザ・ワールドだ！　旅先の道端で出会った人に声をかけるのはもちろん、友達の紹介（のさらに紹介)、Facebook や Airbnb を介して、「あなたのおうちでごはんを食べさせてくれませんか」とアプローチしまくることにした。うまくいくかはわからない。でも、やってみないと始まらない。世界中の人が僕を待っている！　そんな眩《まぶ》しい妄想が膨らんだ。

しかし、会社を辞め、日本を発《た》つ日が近づくにつれ、期待より不安が大きくなっていった。うーむ、見知らぬ日本人を家に招いてくれる人なんているのか？　しかも、ごはんを作って欲しいなんて。思いつきは良かったが、実行するには無理がある気がしてきたのだ。

2013年6月、成田からクアラルンプールへ向かう飛行機の中で、企画倒れの予感はピークに達した。それでも最後は、ワクワクが不安を上回る。同じ釜《かま》の飯を食った仲間は、たとえ一期一会《いちごいちえ》でも、尊く深い絆《きずな》を得る。〝食〟からつながる世界は、もっと豊かなのでは？　国籍や宗教を超えてわかりあえるのでは？　この旅は、そんな幸せな社会を実現できるかどうかの壮大な実験なのだ。着陸間近の機内で、僕は再び使命感に燃えた。気合いを入れると、ぐぅとお腹《なか》が鳴った。キッチハイクの旅がいよいよ始まった。

*

「今日は、ナシ・レマッを作ってあげるからね！」

ナシ・レマッ (nasi lemak) は、マレーシアの伝統的な家庭料理だ。ココナッツミルクで炊いたお米に、アンチョビソースを甘辛く炒《いた》めたもの、海老《えび》、鰯《いわし》の素揚げ、きゅうりを付け合わせる。鶏肉やゆで卵もポピュラーな具材だが、地域や家によって特徴があるらしい。

「さぁ、食べましょう！　もうお腹ペコペコよ」

シャムさんは、とにかく明るくごきげんな人だった。料理がすべて完成すると、ココナッツとスパイスの香りが部屋いっぱいに広がり、鼻腔《びこう》の奥まで満たした。お腹が減りすぎて、僕の緊張はすっかり吹き飛んでいた。

ふとリビングに目をやると、電気工事のおじさんがいた。無言で天井の電球を取り替えている。ナシ・レマッが運ばれてくると、おじさんは作業の手を止めて、じーっとテーブルを見つめた。口ヒゲをいじりながら、物欲しそうな顔をする。鼻歌を歌いながら料理を盛り付けるシャムさんが、おじさんの表情に気づいた。

「あ、もしよかったら、一緒に食べます？」

シャムさんの人柄がよくわかるシーンだ。僕のような異邦人から、電気工事のおじさんまで巻き込んでしまう。おじさんは、「え？　いいの？」みたいな表情を作ったが、電球を放り投げて、すぐに着席した。

シャムさんに、ナシ・レマッの食べ方を教えてもらった。ココナッツライスにアンチョビソースをたっぷり付け、鰯の素揚げと一緒に口へ放り込む。ボリボリねっとりボリボリねっとり。奥歯ですり潰すと、さらにいい感触になった。アンチョビと鰯の鋭い潮味がココナッツのふんわりとした甘みとマリアージュを起こす。おおぉ……なんと、官能的な味に仕上がるのか！　混ざり合うほどに、じゅわ～っと奥深い妙味が現れる。バクバクとお腹いっぱいまで食べられる味、これぞ家庭料理の魅力だと思う。

「シャムさん……おいしすぎて気絶しそうです！」

「そうでしょう。でもココナッツミルクをたくさん使っているから、食べ過ぎには要注意よ」

シャムさんは、不敵な笑みを浮かべた。電気工事のおじさんは、よほど腹ペコだったんだろう、感想も述べずに黙々と食べ続けた。

この旅は、どうにかなる。そして、最高におもしろい旅になる。クアラルンプールからシンガポールへ向かう夜行列車で、僕は確信した。そして、密《ひそ》かにホッとした。ごろんと横になって、迫り来る低い天井をじっと見つめる。みんな手を伸ばして触るらしく、天井は手垢《てあか》でずいぶんと汚れていた。個人的な事情と普遍的な文化が絶妙なバランスで交わる場、それが食卓なのだ。暮らしのど真ん中に飛び込んで、出会いと食を味わう贅《ぜい》沢《たく》さよ！　枕元にあるガイドブックが薄っぺらく見えた。最悪、電球を替えれば、ごはんに誘ってもらえる。そう考えれば、気が楽だ。

列車の外はもう真っ暗だった。揺られながら目を瞑《つむ》ると、終始楽しそうなシャムさんが思い出された。帰り際、「いつでも食べに来ていいからね！」と、力いっぱいハグされた。その感触がまだ残っている。列車は、ゴトゴトと音をたてて進み続けた。

Mexico City
メキシコシティ／メキシコ

アブラハムとパキ一家の食卓

家族
アブラハム（34歳）・パキ（32歳）・
アシタナ（1歳）

石の表札に彫られた住所を確認する。どうやら今回の訪問先にたどり着けたらしい。胸が高鳴る。お腹が減ってくる。

サンフランシスコを発った後、メキシコから先は未知の世界だな、という強烈な感覚を覚えた。ここまでのアジアやオセアニアの国々、そしてアメリカには親近感があった。ふだんからその国に関する情報を見かけたり、学生時代に訪れたことがあったからだ。

日本から物理的に近いという安心感もあった。

だが、ここから先の中南米は全然違う。スペイン語圏になるわけで言葉の問題もある。特にメキシコシティは死ぬほど治安が悪いことで有名だ。鉄の玄関扉を前に立ちすくんだ。もしかすると、最初のクアラルンプールより緊張しているのでは？

ううう、今までの経験値が０になった気分だ！　深呼吸をして、口角を上げて、チャイムを鳴らす。何キロあるのかわからない重厚な鉄の扉がゆっくり開いた。アブラハムの登場だ。

「Welcome to my home, Masaya!　Haha!」

くるくるとパーマがかかった真っ黒な髪、無精なヒゲ、そして黒縁メガネ。力強い握手と人の良さそうな笑顔が出迎えてくれた。腰が抜けんばかりに安心した。どうやらマフィアでもギャングでもなさそうだ。アブラハムは、出会いがしらに笑いながら話し始めた。

「知ってる？　メキシコ人の多くはカソリックなんだけど、懺悔《ざんげ》の時にムチで叩《たた》かれそうじゃない？　痛いのはいやだよね！」

ムチで叩かれるジェスチャーをしながら、ひとりで爆笑している。いきなり宗教の話から始まるとは思わなかったので、僕は、すっかり拍子抜けしてしまった。

「アブラハムは、カソリックじゃないの？」

「僕はカソリックだよ。でも実際は無宗教かもしれないな。いや、強いて言うなら奥さんに従っているから、奥さん教だ！」

アブラハムは、とにかく楽しそうだ。出会って30秒、メキシコの生きる哲学に少しだけ触れられた気がした。想像よりもはるかに自由なのかもしれない。噂《うわさ》ほど危ない街ではなさそうだ。

旅の景色は、気持ちひとつですぐに変わる。急に視界が鮮やかになったように思えた。表情が柔らかくなった僕を見て、アブラハムは嬉《うれ》しそうだった。

「あ、そういえば、扉の鍵を閉めてくれる？」

ちょっとしたことでも、旅先の頼まれごとは嬉しい。お安いご用！　と扉の内側を見て、ぎょっとした。頑丈な鉄の扉に巨大な錠がなんと5つも付いている。まるで刑務所の独房だ。

「え？　これ全部閉めるの？」

そうたずねると、アブラハムは、さっきまでのハイテンションとはうってかわって、低い声で答えた。

「To make sure.（念のためだよ）」

どうやらメキシコシティは、噂どおりの〝メキシコシティ〟のようだ。安心しかけた自分を戒めよう。中南米のキッチハイクは、やはり油断できない。

アブラハムは、スペイン人の奥さんパキと1歳の一人娘アシタナと暮らしている。メキシコシティの国立大学でプロダクトデザインを学んだらしく、とにかく何でも自分で作ってしまう。廃屋同然だったこの建物を買って、自分たちでコツコツ修復したそうだ。見れば見るほど、家の構造に度肝を抜かれる。建て増し、改築、何のその！　一見しただけでは、間取りの全容が把握できない。まるで忍者屋敷だ。

なんとも気持ちがいいのは、空まで抜ける中庭ダイニングからお手製の内階段でつながる屋上！　青く塗られた漆喰《しっくい》の壁、モサモサと壁に繁る緑、ハンモック。これなら一日中屋上で過ごしたい。

家は、今も建て増し中で、屋上にはさらに秘密基地となる小屋を建設中だった。家を自分で建て増すなんて酔狂なアイデアが浮かんだことのない僕には衝撃的だった。

ランチの材料を買いに、地元の市場へ行くことになった。表を少し歩くだけで、夏の陽射《ひざ》しに容赦なく照らされる。メキシコの太陽は、絵に描いたように凶暴だ。存在感が半端じゃない。遠慮がない。俺はここにいるぜ！　と言わんばかりだ。毛穴から汗が噴き出て止まらなくなった。

市場の構内には、まるごと揚げた豚の皮、焼きたてのトルティーヤ、数えきれない種類のチリや野菜など、まぶしい原色の食材が所せましと並んでいる。世界一辛い唐辛子のひとつ、ハバネロもしっかり鎮座していた。ハバネロは、やはり悪そうな顔つきをしている。すると、見たことのない肉厚な葉物が目に入った。アブラハムが手にとって言った。

「Hey, マサヤ、これ食べたことないでしょ?」

「これは何の野菜?」

「わからない? カックトゥース(サボテン)だよ」

「え! サボテンて、食べ物なの⁉」

僕が驚くと、アブラハムは目尻に笑い皺《じわ》を増やした。見渡すと、トゲを抜いた食用サボテンがそこかしこで売られている。

市場は、ごちゃごちゃと入り組んでいて、小さなお店がほとんどだ。肉屋、八百屋、魚屋、トルティーヤ屋、スパイスや唐辛子の専門店、謎の土産物屋などさまざま。浅草の仲見世のように統一された店舗ではなく、めいめい店主好みに仕上げたのだろう、大きさも装飾もバラバラだ。この雑多な感じ、たまらなく好みである。

日本やアメリカにも、いろんな商店があるけれど、デパートやらテナントやらの箱物に縮こまって収まっているのを見ると、どうにも悲しくなる。売る物も売り方も売る場所も自由で、店主の味が濃厚にしみ出る小商いの方がおもしろい。

八百屋では、ふさふさの白髪をなびかせたおじさんが、薄汚れたデニムエプロンを着こなして立つ姿がすごく様になっていた。印象に残ったのは、どの店主の眼《め》もギラギラ

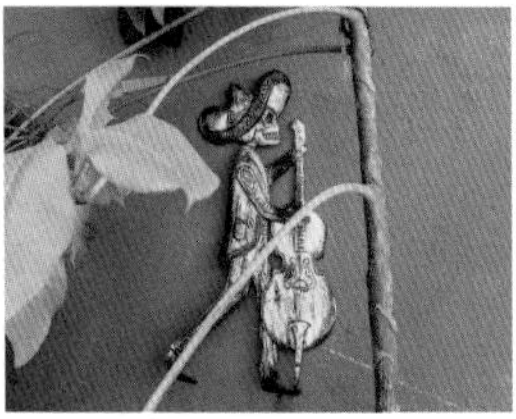

していたこと。魂の強さが伝わってきて、街全体がバッチリ目を開けている雰囲気にめまいがした。

既視感のないメキシカン家庭料理

買い込んだ食材を台所へ運び込む。メキシコ男のクッキングがスタートだ。設備が充分でこう言ってはなんだが意外にも現代的だ。ガスコンロには、トカゲの渋いコラージュがあしらわれている。アパート前の路上に散乱する瓦礫《がれき》とのギャップに驚いた。アブラハムは青い鍋でジャガイモをゆで始めた。

「メキシコの男はよく料理するの?」

「いや、あんまりしないいんじゃないかな? 僕はなんでも自分で作るのが好きなんだ。料理学校に通っていたこともある。ウチにたどり着いたマサヤはラッキーだね!」

笑うとますます色男だ。これはモテるに違いない。笑い方って大事だなと思った。

調理を始めると奥さんのパキ、一人娘のアシタナも台所にやってきた。自慢のパパなのだろうか、アシタナがやけに嬉しそうだ。パキに聞いたところ、お腹の中で10か月経《た》ってもなかなか生まれず、最終的には11か月目に5kg近い状態でアシタナは生まれたらしい。そんなことって、あるんだろうか!

「よっぽどお腹の中の居心地が良かったんですかね!」と言うと、パキは困り顔で笑みをこぼした。

まずは1品目の前菜にとりかかる。アブラハム特製のアボカドディップだ。メキシコと言えばアボカド、アボカドと言えばメキシコである。大量に買ったアボカドをごろごろとシンクに転がす。アブラハムは、アボカドの切り方が天才的に上手《うま》かった。皮を剝《む》く前に種までナイフを刺し込み、ぐるっと一周。真っ二つにした後、種にナイフを刺してポコッと取り出す。その間、わずか3秒。す、すごい！　スポーツのスーパープレーを見た気分になった。

スプーンで身をすくい、ライムをたっぷり絞り、刻んだたまねぎ、塩を入れてペースト状にすり潰す。でき上がりかな？　と思いきや、仕上げに茶色い物体をパラパラッとまぶした。なんだろうと思って顔を近づけてみると、なんとバッタだ！　すると、アブラハムがいきなり僕の口にバッタを3匹放り込んできた。

「ビールにもテキーラにもぴったりだよ！　たくさん食べてよ。ほら！」

うげぇ！　心の準備がまだ！　す、酸っぱい！　これはバッタの漬け物だ！　佃煮《つくだに》風の甘辛い味を予想していたが、見事にすかされ、たっぷりのクエン酸に耳の後ろが痛くなった。大量のヨダレがこみ上げてくる。悶絶《もんぜつ》する僕を見て、アブラハムはまた爆笑していた。3匹のバッタを奥歯ですり潰し、飲み込んだ後、コロナビールで乾杯した。

2品目は、サボテンと揚げた豚皮の煮込みだ。艶々した黄緑のサボテンをさっさと千切りにしていく。砂漠に直立不動で立ち尽くすあの乾いたサボテンからは、想像できない瑞々《みずみず》しさだ。軽く湯がいた後、揚げた豚皮と一緒にグツグツと煮込む。豚皮が余っていたので、興味本位にこっそりと食べてみた。これがなんと、超絶的なうまさ！　まったく脂っこくなくカリッカリでほどよい塩気が鼻腔を通り抜ける。あぁ、酒飲みにはたまらない！

バッタに続いて、豚皮でもビールをあおる。最初はコソコソと豚皮のかけらをつまんでいたが、だんだんと遠慮がなくなり50㎝ほどある皮ごと小脇に抱えて、バリバリとほとんど食べてしまった。

最後は、メインディッシュとなる、白身魚とズッキーニの白ワイン蒸しだ。アブラハムは、完全にシェフモードに入り込んでいた。ズッキーニ、にんじん、いんげんをオレガノ、ハーブ、オリーブオイル、白ワインで柔らかくなるまで炒める。アルミホイルに白身魚と海老を置き、塩胡椒《こしょう》をして、炒めたズッキーニをドサッとのせる。あとは、オーブンでグリルするだけ。これでおいしくないわけがない！

蒸し焼きされる白身魚とオレガノのいい香りが、台所を包み込む。あぁ、もう我慢できない。3品とも完璧な仕上がり。料理の腕がプロ顔負けだ。料理の腕も人柄もセンスもすばらしすぎて、逆に何もできない自分の卑小さが浮き彫りになるように思えてきた。

アブラハムの年齢が4つ上であることを知り、少しだけ安心した。

「でき上がったよ！　パキとアシタナを呼んできてくれる？」

アブラハムはまったく疲れを見せず、嬉しそうに言う。料理が本当に好きなんだろう。料理は目でも食べるから、と食材が映える紫色のお皿を選んでくれた。空まで抜けるダイニングに並べた料理たちの美しいこと！　4年後にこんな魅力的な男になれるだろうか。料理と家造りの弟子にしてもらおうかと真剣に考え始める自分がいた。

人生2回目（？）の色男に学ぶ

トウモロコシで作ったトルティーヤに、サボテン、揚げた豚皮の煮込み、みじん切りのチリをたっぷりと包む。ライムを絞ってかぶりついた。その瞬間、自然と瞼《まぶた》が降りてきて、目の前が真っ白になり昇天した。

「…………」

豊穣《ほうじょう》の大地を思わせるトルティーヤの芳香が、ふわっと口の中いっぱいに広がる。素焼きのトルティーヤが破れたかと思うと、ほどよく湿った熱々の豚皮の煮込みから、ジュワッとスープがあふれ出し、頬に熱が伝わってくる。絶妙に歯ごたえの残ったサボテンのフレッシュな歯ざわり、脳にガツンとくるチリの辛さ、ライムの爽やかな後味がたまらない！　我を忘れて一心不乱に食べきる。そして2つ目のトルティーヤを包み、再び放り込む。

「うまい――――！！！！！」

今度は、声を大にして言えた。アブラハム一家は、大爆笑だ。白身魚のグリル具合も最高。しんなりするまで蒸されたズッキーニから、白ワインとオレガノの香りが鼻を抜けていく。魚の身も思ったより弾力があって跳ね返ってくるようだ。

確かに基本は辛い！　いちいち辛いけど、もっと食べたくなる、これぞメキシコの家庭料理だ。生活に溶け込んでいる食べ物は不思議だ。いつだって、お腹いっぱいまで食べられてしまうんだから。

アブラハムは、アシタナが生まれてからフリーランスのプロダクトデザイナーになって、家で仕事をしているらしい。

「なるべく一緒にいてあげたいし、その方が3人とも安心できるからね」

そう語る姿は一家の大黒柱だ。生まれはメキシコシティだが、ブエノスアイレス、パリ、ベルリンでもさまざまなデザインプロジェクトに参画したそうだ。頼まれれば何でも作るよ！　と、近所の人の家を直しに行ったり、知り合いのＷｅｂサイトを作ったり、友達とチームを組んでプロダクトデザインをやったりしている。パキは、女性の権利を守るＮＰＯを運営していて、アブラハムも時々手伝っているようだった。

ここまで来ると、もう非の打ち所がない。アブラハム、君は人生2回目なんじゃないの？　と思うくらい、100点満点だ。前世が昆虫だったであろう、人間1回目の僕としては、うらやましい限りだ。できる恩返しは、おいしい料理をおいしくお腹いっぱい平らげること、スリーショットの写真を撮ってあげることくらいだ。せめてものお礼をしたくて、何十枚とシャッターを切って、データをまるごとプレゼントした。

「ありがとう！　今度マサヤが来る時までに、プリントして額に入れて飾っておくよ」

もう友達だからいつでも来てくれよ、と言ってくれたのだと解釈して、心の底から嬉しかった。尊敬する先輩に認められた高校1年生みたいな気分になった。

ランチの後は、ひとりでもう一度屋上に上がった。最初は心臓に穴が開くほど緊張したが、すっかりメキシコシティの虜《とりこ》になった。ハンモックに揺られていると、壁に飾られた踊るガイコツのオブジェが目に飛び込んでくる。ガイコツまで陽気になるのが確かにメキシコっぽいなと思った。人として、男として、尊敬できる人に出会えて、胃袋だけじゃない、ハートまでがっちりとつかまれてしまった。

ネイザンとノラが住むボートハウス群の
デッキにて

Column

Taipei

台北／台湾

邱さんの家

Today's Menu

三杯中巻(イカ炒め)、綠竹筍湯(筍スープ)、老皮嫩肉(揚げ豆腐)

皆大好き台湾。いたる所に屋台、屋台、屋台。目で食べた方がおいしいであろう色彩豊かな甘味たち。後ろ髪を引かれつつ、家庭の味へまっしぐら。

都会のド真ん中に暮らす邱さん一家。台北の人は料理をしないと聞きますが、お母さんの手際の良さは、もはやプロ並みです。日本人にもなじむ優しい味つけにほっこり。台湾は初めてでもどこか懐かしいよという噂、どうやら胃袋が証明してしまったようです。

なんと、家族全員が日本語教室に通っているそう。さらに長男健嘉さんは、日本へ留学を検討しているそう。ああ、なんて日本贔屓！　あまりに嬉しくて白米をモリモリおかわりです。好吃、謝謝！

●家族／父（52歳）、母（52歳）、長男（23歳）、長女（20歳）
※一番右は従姉妹（32歳）

●住まい／鉄筋コンクリートマンション

●得意料理／清蒸樹子鱈魚（鱈の蒸しもの）

●コメント／今日は日本語の勉強にもなって本当に楽しかったです。
また台湾に来て！

Valencia
バレンシア／スペイン

ヴィセント一家の食卓

家族
ヴィセント（38歳）・
母（65歳）・妹（31歳）

いよいよヨーロッパに入った。１か国目はスペイン。おじゃまするのは、代々バレンシアに住むヴィセント一家の食卓だ。「うちのママのトルティージャ（スペイン・オムレツ）は絶品だよ！　どんなレストランよりも絶対においしいんだから！」と共通の友人を介してメールをもらい、向かわせてもらうことになったのだ。

バレンシアは、パエリア発祥の地として有名だ。街のどのレストランでも、どの食堂でも、パエリアの文字を見つけることができる。「パエリアは外でおいしい店を教えるから、我が家ではもっと家庭料理っぽいトルティージャを楽しんでいってくれよ」と、ヴィセントはメールしてくれた。

ちなみに、ヴィセント曰《いわ》く、お米が黄色すぎるパエリアは偽物なので要注意とのことだった。なんと、気の利くことか。最高だぜ、スペイン！　ありがとう、ヴィセント！

約束を取りつけた時までは、そう思っていた。この後起こる悲劇も知らずに。


待ち合わせの13時ぴったりに、約束の番地へ向かう。地理がわかりやすく、一度も迷うことはなかった。さすがは欧州、いろいろスムースに進むなぁ、と嬉しくなる。これまでの旅路と比べると、ヨーロッパは楽勝だ。すぐに目的地であるヴィンテージマンションを見つけることができた。

おや？　遠くから目を凝らすと、エントランスの前に190cm近い大男が立っているのが見えた。なびく髪、真っ黒のサングラス、ばっちり整えられたヒゲ、そして屈強な筋肉。お、おお？　なんかアメリカ人みたいなのだが……。

「Hi, マサヤ！　よく来てくれた！　バレンシアへようこそ！」

大男は、やはりヴィセントだった。まずはちぎれそうなくらい強い力で握手。サングラスを外してニコッと笑う姿は、まるでキアヌ・リーブスだ。いや、キアヌよりも、歯が白くて、筋肉もムキムキだ。まったくスペイン人には見えない。勝手にアントニオ・バンデラスのようなスペイン人然とした男を想像していたが、アメリカ感がすごい。アメリカっぽい見た目に加えて、アメリカっぽい流暢《りゅうちょう》な英語を話すものだから、北米に舞い戻ったような気分になった。

「よし、じゃあ早速だけど行こうか」

「え？　どこへ？　家はここじゃないの？」

ヴィセントはもう歩き出していた。

「地元を少し案内するよ」

「あ、そういうことか、ありがとう！」

この時、若干嫌な予感がした。13時待ち合わせだったので、すっかりランチと思っていたのだが、も、も、もしかしてディナーか？　ヴィセントは、歩きながら意気揚々とバレンシアの説明を始めた。

予感は見事に的中した。朝ごはんを抜いてきたことを激しく後悔した。家からどんどん遠ざかっていく。生粋のバレンシアっ子、ヴィセントによるローカルガイドのスタートだ。いや、もちろん嬉しいのだが、グルグルと鳴り始める空っぽの胃袋を無視できなかった。

まず最初に案内されたのは、広場を前にしたかわいい建物だ。小さな子どもたちが元

気に走り回っている。門の前でヴィセントが足を止めた。

「えーと、ここは、なにかな？」

僕は、うっすら感づきながらたずねた。ヴィセントが満面の笑みで答える。

「ここは、俺が通っていた幼稚園さ。どう？　懐かしいだろう？」

いやいや、僕はまったく懐かしくない！　確かに旅先のキンダーガーデンをまじまじと見る機会もないので、貴重ではあるのだが。

続いて案内されたのは、ヴィセントが通っていた小学校、ヴィセントが通っていたギター教室、そしてヴィセントが初めての彼女とデートした公園……。途中、いわゆる名所にも立ち寄ったが、主にはヴィセントの生い立ちをたどるツアーになった。

地元の人しか知らないローカルは大好きだけど、なんかちょっとズレているような気がしてならない。ローカルガイドって、こういうことだっけ？


今日の最高気温は、26℃だ。散策にはぴったりと思えるが、バレンシアの初夏の陽射しは半端じゃなかった。とにかく灼《や》ける、焼ける。バレンシアオレンジがとびきりフレッシュに育つわけである。喉と皮膚をカラカラに渇かして、直射日光にザクザク刺されながら街を徘徊《はいかい》した。幸先良く思えたゆえに、食卓までの道のりがいつもより遠く思えた。

ヴィセントはとにかくおしゃべりだ。そして、めちゃくちゃいいヤツである。気になるのは、自分語りが多いこと、さらには天然であることだ。

聞くところ、ヴィセントはバレンシア生まれのバレンシア育ちだった。大学からアメリカ西海岸に渡り、卒業後はロサンゼルスの映画会社に勤めていたらしい。どうりでアメリカっぽさがすごいわけだ。

働いていたのは、本場ハリウッドの映画業界。期待を裏切らないエピソードだ。1年前に映画会社を辞めて、バレンシアに戻ってきたとのことだった。地元の友達とバンド活動をするのが目下の楽しみらしい。

「ライブの打ち上げで知り合った女の子があまりにも美人で恋をしているんだけど、どうしたらいいかな?」なんて、恋愛相談まで受けた。ふたりは、来週末に初めてデートをするらしい。オーケー、幸運を祈るばかりである。

日中にかけて、顔が真っ赤になるほどたっぷり日焼けした。気絶寸前までお腹が空《す》いてしまい、胃酸過多の胃がシュウシュウと焼けついた。バレンシアには、あまり詳しくなれなかったが、ヴィセントにはだいぶ詳しくなった。

ママの自慢のトルティィージャ

陽も落ち始めた夕方、ようやく家に戻ってきた。鏡は見なかったが、僕の頬はげっそりとこけていたに違いない。テーブルには、赤ワインと生ハム、それにバゲットとタパスが用意されていた。

あぁ、食べ物、食べ物だ！　生ハムが艶々と輝いて飛び上がりたいほど嬉しかったが、飛び上がるエネルギーはもう1ミリもなかった。

「お腹空いてるでしょ？　トルティージャを作るから、台所へ見においで」

ヴィセントのママは、いかにもスペインのママという感じだ。とっても優しくて、チャキチャキしていて粋な女性だった。今は、ママ、ヴィセント、妹の三人暮らしらしい。

「ウチのトルティージャは、定番のジャガイモ入り。この子たちが小さい頃からずーっと作っている味よ」

ママはそう言いながら、薄切りにしたジャガイモとたまねぎを炒め始めた。新鮮なオリーブオイルをたっぷりとたらして、弱火でじっくり火を入れていく。ジャガイモが柔らかくなったら、溶き卵を何回にも分けて、少しずつ、少しずつフライパンに流しこむ。ママのゆっくりとしたよどみない動作に、何千回と作ったに違いない鍛錬された「型」を見た。これぞ、家庭料理の真骨頂だ。僕は、ゴクリと生ツバを飲んだ。

「ポイントは、揚げ煮ること。マサヤも気に入ってくれるといいわ」

「ウチのママは偉大だろ？　このトルティージャは世界一うまいのさ」

ヴィセントは、とびきりの笑顔でママ自慢した。親への愛を惜しげもなく表現する。

sal

これがラテン気質なのだろう。ママは、円を描くようにフライパンをゆすって、器用にひっくり返しながら少しずつ形を整えた。トルティージャは、いつのまにか大きな1枚の円になった。まんまるの黄色い円に、ジャガイモとたまねぎの濃淡がところどころ顔を出して、すっかり満月のようになった。

バレンシア発祥、夏ドリンクですっきり！

「冷めないうちにできたてを食べようね」

「はい、遠慮なくいただきます。ありがとうございます！」

朝から水しか飲んでいなかったが、はやる気持ちを抑えて、できるだけ上品に食べようとした。が、もう我慢できない。口をあんぐり大きく開けて、下品にこぼしながら、トルティージャを放り込んだ。

口数の少ない妹さんが明らかに引いていたが、とりあえず無視した。腹ペコの極限状態で、お行儀を気にしている余裕はない。

少しだけ硬さを残したジャガイモを噛《か》むたびに、ジャクジャクと心地よい歯ごたえを感じた。噛めば噛むほど、甘みと絶妙の塩気、そして卵の優しい味わいが体全体にしみ渡っていく。

うぐぐ……こ、これはしみる！　おいしすぎて泣きそうだ！　混じりっ気なし、素材の粋を尽くした究極にシンプルな味わいである。こんなに豊かなシンプルさは初めてかもしれない。ウウウ……と野犬のようにうなりながら食べる僕を見て、ママは「そうでしょう、そうでしょう」と微笑《ほほえ》みを浮かべた。

「食後のデザートにしよう。バレンシア名物オルチャータだ。マサヤも好きだろう？」

ヴィセントは、ベージュ色の液体が入った瓶を取り出した。ん？　オルチャータ？

ママ曰く、オルチャータは、バレンシア発祥の夏の飲み物らしい。ほう、初耳だ。原料はチュファという植物の地下茎を乾燥させたもの。主に、バレンシア近郊のアルボラヤという地域で栽培されている。これに砂糖や水を加えて作る。老若男女、バレンシア人で飲まない者はいない！　と断言できるほど、皆に愛されているソウルドリンクらしい。

キンキンに冷えたオルチャータをグラスに注いでもらった。火照《ほて》った満腹の体を冷ますように、ぐいっとひと飲みする。これが、まいった。なんという爽やかなおいしさか！　甜菜《てんさい》系の素朴な味わいからくる、まったくくどくない甘さ。牛乳や他の乳製品と違って、グイグイ飲める軽やかな口当たりだ。

「おいしい！　日本で知られていないのが不思議なくらいだ！」

「そうだろ？　おいしいだろ？　オルチャータの魅力は、味や飲みやすさだけじゃないんだ。栄養たっぷりなんだよ」

ヴィセントは、ビールの泡のように、口ヒゲにベージュのオルチャータをくっつけて、熱っぽく語った。

「鉄分、カリウム、カルシウム、マグネシウム、ビタミンC、ビタミンE。オルチャータを飲むだけで、バレンシアのしびれる夏を乗り越えられるのさ」

「ヴィセント、これは日本でも流行《はや》りそうな気がするよ」

「俺は幼稚園の頃からオルチャータが大好きでね。そうそう、思い出したんだけど、小学生の時に……」

まったくクドくない味わいのトルティージャ、そしてオルチャータ。唯一クドかったのは、ヴィセントの昔話だったかもしれない。


翌朝6時に、ようやく次の街バルセロナに到着した。深夜バスがバレンシアを出発したのが昨夜23時だ。ヴィセント家で心暖まるもてなしを受け、胃袋も心も満たされた僕は、バスの中でもぐっすり眠ることができた。昨晩の幸せな食卓を思い出すと、ヨダレがたれてしまう。トルティージャ、高級すぎる生ハム、焼き立てのバゲット、赤ワイン、そしてオルチャータを心ゆくまで堪能した。

ママもヴィセントも妹さんも、なぜ見ず知らずの旅人に、こんなにも良くしてくれるんだろう。まるでヴィセント家の末っ子になった気分だ。長旅になるだろうからおみやげを渡すね、とママからバレンシア産のオリーブオイル一瓶と朝ごはん用のバナナまでもらってしまった。旅の醍醐味《だいごみ》は、人に出会うこと、そして人と深くつながることだとあらためて思うのだ。

バルセロナのバスターミナルは、閑散としていた。ヴィセントが言うには、バルセロナは欧州で一番危ない街らしいが、とてもそうは見えない。僕は、あくびをくり返しながらまどろみの中にいた。

少し時間を潰そうと、バスターミナル内の喫茶店で熱いコーヒーを注文した。柔らかい朝陽と鳥のさえずりとは裏腹に、第二の悲劇はここから始まった。

2、3分だろうか。いやもしかしたら、10秒だったかもしれない。喫茶店のテーブルに突っ伏し、うっかりうたた寝をしてしまった。目を覚ました瞬間、僕はあることに気がついた。

iPhoneがない。

うっかりテーブルに置きっぱなしにしたiPhoneが、忽然《こつぜん》と姿を消していた。完全に目が覚めた。もうコーヒーを飲む必要はなかった。

まだ犯人は、近くにいるかもしれない。僕はあたりを駆けまわった。しかし、この状況である。あごヒゲの男、マウンテンハットのおじいさん、黒縁メガネの女、どいつもこいつも怪しく見える！

なんて街だ、バルセロナ！　よくよく考えると、iPhone が盗まれただけではすまない。アプリ経由で Gmail や Dropbox にアクセスすることもできる。見ようと思えば、ほとんどすべての個人情報やキャッシュカード情報まで見られてしまう状態だ。残り少ない旅の軍資金がネコババされてしまう！　これはやばい！　一瞬、パニックに陥った。そして、さらなることに気がついた。そうだ！　PCは大丈夫か？　財布は？　パスポートは!?

僕は急いで、足元のバックパックを開けた。テーブルの下にも置きっぱなしなんて、恐ろしすぎる。PCは？　あった。財布は？　あった。パスポートは？　あった。良かった！　なんとか旅を続けられる。ホッと胸をなで下ろした次の瞬間、あるものがないことに気がついた。

バナナだ。ヴィセントのママからもらった、朝ごはん用のバナナが盗まれていた。げげ、そんなバナナ！　あっぱれだ。この仕業、もはや芸術の域に達している。もう笑うしかなかった。

あたりはすっかり朝になっていた。盗まれたのは、iPhone とバナナ。バルセロナの泥棒は、貪欲だ。どうやら Apple だけでは、気がすまなかったらしい。欧州で一番危ない街。ヴィセントの忠告もむなしく、到着3分で華麗なる洗礼を受けてしまった。

Cebu
セブ／フィリピン

アイ先生一家の食卓

家族
アイ（19歳）・
母（41歳）・姉（21歳）・妹（7歳）

「おいしい」って、なんだろう？　料理がおいしいのか、腹ペコだからおいしいのか、楽しいからおいしいのか、目を瞑ってもおいしいのか、誰かと一緒に食べるからおいしいのか。キッチハイカーの旅は、早くも難題に直面した。

あぁ、考えれば考えるほど「おいしい」がゲシュタルト崩壊してくる！　もはや、りんごのタルトも、ゲシュのタルトも、おいしそうだ。フィリピン料理においしい印象はないのだが、はたして答えは見つかるのだろうか。

「ジプニーはわかるよね？　みんなで乗って帰るよ！」

アイ先生、その友人のディアナ、エミーと一緒に、大騒ぎで車に乗り込んだ。まるで放課後の高校生だ。

ジプニーとは、ド派手な装飾が目を引くローカル御用達の乗合バスである。車内で旅行者がナイフを突きつけられた、なんて物騒な話もあるが、3人の女子トークが盛り上がりまくっていて、今のところ、なんとも平和な乗り物だ。引率の担任になった気分である。

しばらく走ると、コンクリートの道路は、すぐに舗装されていない荒れた土道になった。ガタンゴトンと激しく揺られながら、亜熱帯植物に囲まれた集落にたどり着いた。

19歳のアイ先生は、とにかく陽気だ。明るい、まぶしい、歯が白い、よく笑う。そして、いつもちょっとふざけている。お国柄でまとめたくはないけれど、フィリピン人気質《かたぎ》がぴったりハマる楽しい人だ。出会いは、セブ島の英語学校のスピーキングクラス。飽きっぽいアイ先生の授業は、いつもすぐに雑談コーナーと化した。

「今朝起きたら、髪の毛が爆発していて大変だったわ」「こないだ彼氏を初めて親に紹介したの」「1月にはシヌログっていうセブの祝祭があるからまた来てよ」「バロットは

食べたことある？　ふ化途中のアヒルの卵なの」など終わりのない〝授業〟がいつも続いた。

２０００年以降、セブやマニラ近郊を中心に、韓国人、台湾人、日本人向けの英語学校が増えている。公用語のひとつが英語のフィリピン人は、とても流暢な英語を話す。月10万円ほどで、１日３食部屋付き、朝から夕方までマンツーマン授業を受けられると評判だ。

僕は、ドメスティックな社会人生活で悲壮感漂うほど鈍った英語力を叩き直そうと、ちょっとだけ通ってみることにした。世界とつながるには胃袋外交が一番だが、もちろん言葉が通じるに越したことはない（そりゃそうだ）。兵役明けのムキムキボディ韓国人から、老後の楽しみに通う台湾人のおじいちゃんまでいる、不思議な学校生活だった。

成果のほどはどうだったか？　アイ先生のおかげで、見事に腐った舌を引っこ抜き、詰まった耳くそを掃除することができた。もっとも、授業３日目に、あまりに発音が悪いこの不自由な舌と、聞き取りができないこの不出来な耳に絶望して、静かに枕を濡《ぬ》らしたのは、ここだけの秘密だ。30歳手前の男の夜泣きはシリアスすぎる。文法と読解だけできる大学受験英語の申し子としては、本当に虚《むな》しい。ごはんが喉を通らない日々が続いた。キッチハイカーのくせに、食欲がないとは、まったくもって深刻だった。

ジプニーが停《と》まった。アイ先生は、柄にもなく照れていた。ほっぺたが赤くなって唇が尖《とが》っている。

「ここがわたしの家。みんなで来られるとちょっと恥ずかしいな」

緑に囲まれた木造とトタンの家だ。鶏が歩きまわる中庭を囲む形で家が10軒ほど並んでいる。クアラルンプールでもバンコクでも、玄関扉を開ける瞬間がそれはそれはドキドキしたが、アイ先生の家はそもそも扉が全開だった。外国人の来訪者が珍しいのか、近所の人たちがわぁわぁと集まってくる。ちびっこからおばあちゃんまでいて、大家族のようだ。ちびっこはみんな鼻をたらしていた。

「君がマサヤね。娘から話は聞いているわよ」

「はじめまして。アイさんのおかげで、RとLの発音が区別できるようになりました」

「ふふ、それは良かったわね。もうすぐ料理ができるからちょっと待っててね」

大きな口で笑うのは、アイ先生のお母さんだ。鼻の横には、2㎝大のホクロがあった。おや？　大きなホクロからは、力強く生えた長い毛が4本もそよいでいる。笑うと、どこか魔術師のように見えた。

ご近所さんたちが、僕たちを追って、ズカズカと家の中に入ってくる。僕の目をじっと見て視線をそらさず、矢継ぎ早に質問を浴びせるのだ。笑顔でグイグイ迫りくる遠慮のなさ。ケラケラと笑いながら接してくれるので、まったく緊張しなかった。なんて風通しのいいご近所付き合い！　と思ったら、事実、窓には扉もガラスも何もなかった。なるほど、風通しがいいわけである。

びゅうびゅうと風が吹き抜けた。家の中に外があるのか、外が中までつながっているのか、中と外の境目が曖昧《あいまい》だ。物理的に開いていると、どうやら心も開くらしい。家の造りと、人の距離感がばっちり一致して、気づくと僕はすっかり輪の中に入っていた。

細かいことは気にしない！

アイ先生のお母さんは、毎日家族のために料理をする。時には、ご近所さんもごはんを一緒に食べる。お世辞にも広いとは言えない、雑然とした台所を巧みに使う姿は、見ていて清々《すがすが》しい。我が城、といった様子である。アイ先生は、手伝う素振りをいっさい見せず、玄関先でディアナ、エミーとおしゃべりが止まらなかった。

「娘は、いつもこんな調子よ」

お母さんはあきらめの表情で魚のウロコをガリガリと落とした。20歳前後の女の子が3人集まったら、そりゃ話題は尽きないだろう。女子の井戸端会議は、世界共通であることがよくわかった。

「今夜、レチョンって作ります？　毎日、食べるんですか？」

「レチョンは、お祝いごとがある時に食べるもの。毎日は食べません」

フィリピン料理というと、真っ先にレチョンを想像した。豚や鶏を丸焼きにする伝統料理だ。無粋な質問をされて、お母さんはちょっとムスッとした表情になってしまった。確かに、日本人だって寿司は毎日食べないし、それ以前に家で握り寿司は出てこない。ややもすると、どこかで聞いたような表面的な話が先に立ってしまう。あぁ、なんのための食卓探検か。なによりも目の前の出来事に目を凝らそうとあらためて思った。

1品目は、川海老だ。刻んだニンニクとナンプラー、塩胡椒で下味をつける。そして、秘密の調味料を振りかける。その白い粉には、見覚えがあった。そう、「アジノモト」だ。東南アジアの一般家庭では、味の素がポピュラーだと噂には聞いていた。こうして、実際に使われるのを目の当《ま》たりにすると、都市伝説ではなかったんだ、と妙に感心する。「アジノモト」を露骨に振りかけるシーンを見たのは、学生時代に通った早稲田のボロいラーメン屋以来である。いつも薄ピンクの肌着みたいな変なニットを着たラーメン屋のおばちゃんと、アイ先生のお母さんがダブッて見えた。そういえば、ラーメン屋のおばちゃんも顔に大きなホクロがあった（さすがに毛は生えていなかったけど）。

アツアツの油の鍋に川海老を放り込むと、「ガラガラガラ！！！」とけたたましい揚げ音が鳴り響いた。パリッとした海老とニンニクの香ばしさが部屋を包む。これは、たまらない。写真を撮るフリをして、こっそり揚げたてをつまみ食いする。

……う、うまい！　う、うまくないわけがない！　カラッと揚がった殻のザクザク感と新鮮な身のブリブリ感が絶妙にマッチしている。揚げニンニクと胡椒の香りが鼻を抜けていく。つまみ食いってやつは、なんでこんなにおいしいのだろうか。お母さんが見ていない隙に、ふたつ目をつまんで口に入れる。そこで僕は思い出した。味の素が入っていることを。〝おいしさ〟とは、やはりなんとも不思議である。

炊飯器がピピー！　と鳴った。必要以上に、湯気が狼煙《のろし》のように立ち上っていた。蓋を開けると現れたのは、細長いが意外にも柔らかい見た目をしたお米である。フィリピンのお米は、タイ米に似たパラパラの状態を想像していたが、どうやら実態は、違ったらしい。

「あれ？　フィリピンのお米って、意外にしっとりしてるんですね」

「そうかしら？　水を入れすぎたかも。まぁ、気にしないで！　ＯＫ、ＯＫ！」

どうやらしっとりしたのは、たまたまらしい。細かいことは気にしない。それがフィリピンスタイルだ。恰幅《かっぷく》のよいお母さんは、ざっくばらんな返事をしてくれた。

今日のメインディッシュは、エスカベッチェという魚料理だ。フィリピンでよく食べられる白身魚「ラプラプ」を1匹丸ごと豪快に揚げる。揚げただけで、もうおいしそうだ。あとは、炒めた赤ピーマン、にんじん、ニンニクなど好きな野菜に片栗粉を合わせた、とろみソースをかけるだけ。野菜はなんでも合うらしい。今回の具材は、今朝、近所の屋台で安く手に入ったものだ。

仕上がりにバラつきがあるのも、家庭料理のおもしろさだ。日ごと、一食ごとに、同じ料理でも、仕上がりが違ってくる。暮らしの生々しさが、そのまま料理の顔になる。まさに、気まぐれ。毎日料理をするお母さんが、世界で一番の気まぐれシェフだ。だからこそ、家のごはんは飽きが来ないのかもしれない。

プラスティック製のテーブルにでき上がった料理を並べる。みんなそろっていただきます！　と思いきや、合図もなく、それぞれが勝手に食べ始めた。なぬ！　晩餐《ばんさん》が突然始まり呆気《あっけ》にとられたが、これがフィリピンスタイルなのだろう。アイ先生、アイ先生のお母さん、ディアナ、エミー、それからなぜか近所のおばちゃんたちと子どもに囲まれて、総勢10人ほどのにぎやかすぎるディナーが始まった。

これこそがフィリピンスタイル

メインのエスカベッチェは、白いお米のおかずにぴったりの濃い味がする。舌触りがフワフワの白身は、やや淡白だけど、変なくどさや魚臭さがなく、むっちりとした力強い弾力があった。酸味と甘味が協調して、酸辣湯麺《スワンラータン》のような食欲をそそる味わいだ。蒸し暑い地域のソウルフードたる所以《ゆえん》である。

「お母さん、すごくおいしいです」

「そう？　気に入ってくれてよかったわ」

嬉しそうな笑顔を見てこちらも嬉しくなった。冗談めかして、でも半分は本気で、僕はこう付け加えた。

「こんなにおいしい家庭料理が食べられるなら、僕のような外国人の旅行者が世界中から訪ねてくるかもしれませんね！」

するとお母さんは、真顔でこう言った。

「え？　そんなこと、あるわけないじゃない。わたしの料理に価値があるとは思えないわ」

お母さんは真顔だった。そして、目がすわっている。予期しない返答だった。僕は動揺して、何も言葉が出てこなかった。いつだって明るく楽しいフィリピンスタイルの裏側を垣間見《かいまみ》た気がした。

やがて外が真っ暗になった。青白い光を放つ街灯だけが頼りの時間帯だ。僕は、アイ先生とハグをした。

「今日は本当にありがとう！　もし日本に遊びに来ることがあったら、是非ウチに来てほしい。今度は、僕がなにか料理を作るから」

「ＯＫ！　でも、わたしが日本に行くことはないと思う。お金がかかるからね」

そうか、そうだよな……またしても底が浅い発言をしてしまったことを悔やんだ。今回は、どうも外しまくっているなぁ、そう思うと自分の不甲斐《ふがい》なさになんだか悲しくなった。

「マサヤ、だから、またセブに遊びに来て」

「……わかった、必ず来るよ！　アイ先生とお母さんに会いに」

「待ってるよ。わたしたちは、10年後も20年後もここに住んでるから」

アイ先生は、卑下するわけでもなく、当たり前のように明るく言った。そこに変な嫉妬や憧れはない。淡々とした客観的な語り口が、現実を物語っていた。定められた運命を受け入れているように見えた。

「そういえば、お母さんはどこ？　最後にお礼を言いたいな」

「ママは、出かけたよ」

「えっ。こんな夜遅くに？　どこへ？」

「ロト（宝くじ）を買いに行ったんだと思うわ。ママの趣味なの」

アイ先生は、あいかわらず悲哀もなにもなく、明るく話した。

フィリピンは、裕福な国ではない。生まれた環境から抜け出すことは、相当難しい。それでも人々は、幸せに日々を過ごす術《すべ》を知っているように見えた。とにかく楽しそう。明るい。笑う。ご近所の仲が良い。そんな雰囲気の中で食卓を囲んだら、おいしいに決まっている。

なるほど、〝おいしく〟食べるから、おいしいのだ！

おいしさそのものには、きっと限界がある。でも、〝おいしく〟食べる工夫には、限界がないのかもしれない。厳選した素材と完璧なレシピで料理できる環境にある人なんて、世界でもひと握りだ。それよりも、手に入るもので、なんやかんや、それなりに、おいしい料理に仕上げる、仲間や家族とにぎやかに食卓を囲む、毎日〝おいしく〟ごはんを食べる。いつだって〝おいしく〟食べるフィリピンスタイルに、僕は、豊かさのヒントを見つけた。

アブラハムの家から出た路地の一角にて

Column

Istanbul

イスタンブール／トルコ

グルチャさんの家

Today's Menu

モロッコインゲンのトマト煮、ブルグルピラフ、ナスのサラダタパス、スイカ、バゲット

　飛んでイスタンブールへ上陸です。名物の鯖サンドには目もくれず、向かうは人情味あふれる雑然とした下町エリア！

　出迎えてくれたのは切れ長の大きな眼が特徴的なグルチャさん。近所に住む友人たちも集まり、ボスフォラス海峡を望むテラスで乾杯。イスラム教徒がビールを飲むのは、この旅で何度も見た光景。「今日のために用意したの」と登場したのは、まるまる太った巨大なスイカ。トルコでも夏の風物詩として、愛されているとのこと。「日本では塩をかけて食べるんだよ」とやってみせると、皆が仰天。試しにひと口いただくわ、と挑戦したグルチャさんの顔の苦いこと。

●家族／グルチャさん（33歳）
●住まい／RC造マンション 4LDK+テラス
●得意料理／イマム・バユルドゥ（煮込みナス）
●コメント／イマム・バユルドゥは、「お坊さんが気絶した」ほどおいしいという意味よ。

Wien
ウィーン／オーストリア

ジェレミスとリカルダの食卓

家族
ジェレミス（26歳）・リカルダ（25歳）

街を少し散策しただけで、すぐにわかった。ここは、ハイソ（ハイ・ソサエティ＝上流社会）な街だと。会社員時代から空気を読むことにかけて定評があった僕は、勝手ながら、ウィーンにパリ以上の高貴さを嗅ぎとった。ブティック、トラム、公園、さらにはキオスクや路地裏。表向きの場所だけではない、裏通りや目に見えないところまで、〝ハイソ〟が漂っている。かゆいところまで、〝ハイソ〟の手が行き届いているのだ！

BLAUE MEER
UND

ドナウ王朝の荘厳華麗な香りがする。

よし、ここで、正直に言おう。僕は、場違いだった。結婚式にTシャツとサンダルで参列した気分だ。王宮庭園に鎮座するモーツァルト像を見上げながら、あぁ、今すぐこの街を出たい、そう思った。

いいものは、いい。一流のものには、一流の価値がある。もちろんそれはわかっているが、生まれながらに「チープ・シック」を信条とする自分には、あまりにマッチしない街だった。なにより、お高く止まって、距離の縮まらなさそうな人間関係が嫌なのだ。考えすぎかもしれないが、街全体から「一般市民に興味ないよ」と言われている気がする。それゆえ、今回の食卓訪問は、あまり乗り気になれなかった。足どり重く、目的の番地をトボトボとめざした。


どんな人が出てくるのだろうか？　古めかしい玄関扉の前で腕組みをして、う〜む、とうなった。あんまりにも階級が違いすぎたら、ごはんだけいただいて早めに帰ろう、そう決めると少し気持ちが楽になり、ようやく扉をノックした。お金持ちか？　貧乏か？　経済格差よりも、文化格差の方が人の距離感に影響するんだなぁ、なんてことを思いながら家主が現れるのを待った。

20秒ほど経っただろうか。この瞬間を忘れることはないだろう。バァーン！　とものすごい勢いで扉が開いた。そして、赤縁メガネに蝶《ちょう》ネクタイの若い男性が飛び出してきた。

「Hi, マサヤ！　来てくれてありがとう！　さぁ、早く入って、入って！」

早口、甲高い声、大きなジェスチャー、ハイテンション。靴をそろえる間もなく、玄関へなだれ込んだ。

「どうも、ジェレミスです！　あ、レッドブル飲む？」

こっちのペースは、お構いなし。自己紹介をしたかどうかもわからないまま、一瞬でジェレミスのペースに飲みこまれた。いきなり渡されたレッドブルでとりあえず乾杯をする。ここまでで出会って10秒、まだ廊下だ。

このジェレミスという男、なんと全身真っ黄色のスーツを着ていた。目がチカチカする冴《さ》えた黄色だ。ノリといい、テンションといい、スタンダップ・コメディアンか？　ウィーンのイメージと相当かけ離れている。面食らった僕は、マイペースをとり戻そうと質問をひねり出した。

「ねぇ、ジェレミス。今日のラッキーカラーが黄色なの？」

ニヤリとしてたずねてみたが、ジェレミスは、ひるむ様子もなく答えた。

「今日のラッキーカラーは緑だよ！」

なるほど、どうやら黄色ではないらしい。会話は続く。

「そうなんだ。緑のスーツは持ってないの？」

「もちろんあるよ！　でも、今日は着ないんだ」

「えっ？　持っているのに、なぜ？」

ジェレミスのハイテンションは止まらない。

「今日は、黄色い気分なんだ！」

「…………」

一筋縄ではいかない。このジェレミスってやつは、本当にちょっとおかしいかもしれない。そう思った。

リビングへ移動すると、今回メールをやりとりしたリカルダが紅茶をいれて待っていた。若干シャイな感じがするおしとやかな女性だ。リカルダのルームメイトがジェレミスということらしい。

「せっかくだから、音楽でもかけるわね」

リカルダはそう言って、レコードプレーヤーに手をかけた。レコードで音をかけるあたり、さすがウィーンだ。どんなクラシック音楽だろうか。ショパン？　それとも、やっぱりモーツァルト？　リカルダは、ずらりと並んだレコード棚から1枚を取り出した。プツッ、プツッ、と針がかかる音がする。曲が始まる。イントロを聴いて、すぐに何の

曲かわかった。往年の人気アニメ『ピンクパンサー』のオープニング曲だ。でも、なぜ⁉

「これ、わたしのお気に入りなの」

どうやらリカルダもだいぶ個性的だ。曲の醸し出すまぬけムードはどうしようもないが、部屋いっぱいにすばらしい重低音が響き渡った。しかし、ウィーンで聴く1曲目が、「ピンクパンサー」とは。再び面食らった僕は、ボーッと突っ立って、上質なまぬけムードに浸った。ジェレミスはピンクパンサーの物まねをしながら、コソコソとリビングを出て行った。


3人で近所のスーパーマーケットへ買い物に出かけた。家の外でもジェレミスのテンションは、あいかわらずだ。黄色いスーツのまま、よくわからないが、右手に小さな水鉄砲を持っている。すれ違う街の人たちは、ジェレミスを見てもノーリアクションだ。僕は、ウィーンという街がよくわからなくなった。

今夜のメインディッシュは、ミートローフである。リカルダは、赤身が強い1kgの牛挽き肉を選んだ。ジャガイモ、赤たまねぎ、ズッキーニ、ローズマリーなど必要な材料を手際よくカゴへ入れていく。すると突然、ジェレミスが僕の持つカゴに大量の缶を放り込んだ。お？　お、お、重い！　缶は、レッドブル、モンスター、Dr. Pepper。このラインナップはいったい……。嬉々《きき》としてジェレミスが言う。

「僕はさ、エナジードリンクしか飲まないんだよねぇ！　エナジーは、大事だよぉ！」

なんて不健康な！　エナジーは大事だが、摂取の仕方を間違えている。ジェレミスは、周りを気にせず、我が道を貫く男のようだった。

謎が深まる調理現場

今夜のシェフは、リカルダだ。ボウルに牛挽き肉をドサッと落とす。塩胡椒、たまねぎ、刻んだローズマリーを入れる。ふくよかなリカルダの手でこねられる肉塊は、ねっとりして、すでにとてもおいしそうだ。

予想していたが、ジェレミスは手伝う素振りをまったく見せない。窓際で水鉄砲を構えて、外を狙っている。黄色いスーツと赤縁メガネの男が窓からのぞいているわけだ。外から見たらかなり怪しいだろう。僕の視線を感じているのか、いないのか、ジェレミスは窓の外に向けて大声でわめいた。

「Potato man in the building！（ポテト男がビルの中にいるよ！）」

もう何を言っているのか、本当にわからなかった。よし、そろそろ、放っておこう。

ジェレミスは、本当に危ないヤツかもしれない。と、僕はここでひとつの疑問を持った。

ジェレミスは、ハイソ社会ウィーンに、ちゃんとなじめているのだろうか。

「あのさ……ジェレミスはふだん、何をしている人なの？」

　聞いていいのかどうか、だいぶ気が引けたが、好奇心が勝ってたずねた。ジェレミスは変わらない調子で答えた。

「弁護士事務所で働いているよ！」

　もう冗談はよしてくれ。適当な相づちを打って、この話題は終わりにしよう。すると、僕が本気にしていないのが伝わったのか、リカルダが肉をこねながら会話に入ってきた。

「マサヤ、ジョークじゃないわ。ジェレミスは、弁護士事務所でアシスタントをしているの」

　な、な、なんと。本当に⁉　こんな男が法律の仕事を？　ウィーンの懐は、思っていたより深かった。窓際で水鉄砲を片手にDr. Pepperをあおるジェレミスが急に賢そうに見えてきた。

「まさか、黄色いスーツを着て出勤することもあるの？」

「う〜ん、さすがにこのスーツで出勤することは、ないかな」

　初めてジェレミスのまともな面を見て、ようやく安心した。が、期待はすぐに裏切られた。

「事務所に行く時は、ピンクか緑か紫。あとは真っ白いスーツで行くこともあるよ。朝の気分でスーツの色を選ぶんだ。僕のスーツは7色あるからね！」

僕は再びコメントに窮した。ウィーンでは、何がアリで、何がナシなのか、もうよくわからなくなった。

リカルダはと言うと、ウィーン大学大学院で博士号取得の真っ最中だった。専攻は、映画だ。将来の夢は、もちろん映画監督になること。ウィーン大学は、１３６５年創立でヨーロッパでも一、二を争う由緒正しい老舗の大学である。最近注目しているのは、韓国映画とのことだった。

「『オールド・ボーイ』は傑作中の傑作ね。いつか韓国の映画業界で働いてみたいの。もちろん日本映画もすごく興味あるわ」

熱っぽく語りながら、リカルダは肉の塊を団子状にした。ずらりと並んだ肉団子がツヤツヤ輝いた。

ウィーンはハイソなだけじゃない

赤ワインで乾杯をして、いよいよディナーが始まった。ジェレミスはいつのまにか、白いシャツから黒いシャツに着替えている。そして、頭には黒いシルクハットをのせていた。ディナーに備えた彼なりの正装なのだろうか。もう僕は、特に理由を聞かなかった。

まずは、輪切りのズッキーニを食べる。鉄のフライパンでちょうど良い塩梅《あんばい》にじっく

SPAM

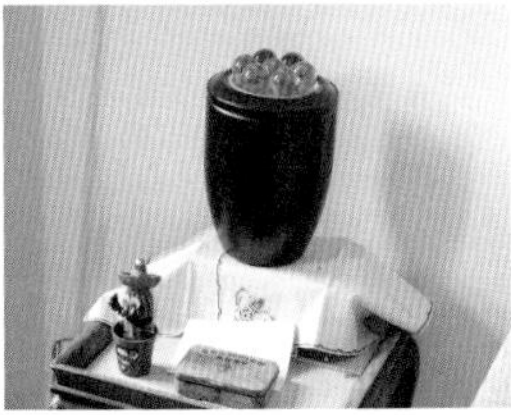

りグリルされている。薄い塩気と胡椒っ気を味わいながら、むにゅむにゅと奥歯ですり潰すとほのかな甘みがした。これに、赤ワインをチビリ、チビリ、とあおるともうたまらない。食欲発揚の前菜として完璧だ。

メインのミートローフをいただいた。小さい頃、家で食べたハンバーグに見た目がそっくりだ。遠慮なく大口を開けて、かぶりつく。外側はカリカリで歯ざわりがすばらしく、内側からは肉汁がじゅわぁっとあふれ出てきた。これは、笑っちゃうほどの旨さだ。たまねぎが多めなあたり、家庭の味っぽくて、僕好みだった。

リカルダもジェレミスも、なんてことはない、いつもの料理を食べてます、といった具合に無表情で食べる様子がとても新鮮に映った。ハイソ呼ばわりして距離を置いたウィーンが胃袋から急に近づいてきた。

ワイン片手にリカルダと映画談義に花を咲かせていると、ジェレミスは自分の部屋に戻っていた。ほろ酔いになった僕は、ふと、ジェレミスの衣装コレクションに興味が湧いてしまい、部屋を訪ねてみた。

「ジェレミス、部屋に入ってもいいかい？」

「OK, come in.」

やけに静かな返事だった。あれ？　さっきまでの調子と違う？　部屋はこぢんまりとして、ベッドと机、クローゼットがあるだけだった。ジェレミスは、椅子に座って壁を見ている。真顔のジェレミスを見るのは初めてだ。ジェレミスが見つめる先には、黒い壺《つぼ》とオレンジ色の球があった。なんだろう？　モノが少ない部屋で、壺はやけに厳かな雰囲気を醸し出していた。

「ジェレミス、その壺と球は、なに？」

「マサヤ、知ってる？　この球を7個集めると願いがかなうんだって！」

いつもの調子に戻ったジェレミスは言った。あいかわらず何を言い出すんだ。またわけのわからない冗談か、と次の瞬間、僕は気づいた。

「……まさか、ドラゴンボールのこと？」

「そんな名前だったかな。よく知らないけど！」

「日本の漫画だよ！」

あらすじを説明したが、ジェレミスはドラゴンボールの効能だけを知っていて、原作にはあまり興味がなさそうだった。そして、ひと言だけこう言った。

「兄貴が生き返るかなと思って」

ジェレミスは、1枚の顔写真を見せてくれた。若い男性が写っている。7年前に病気で亡くなったらしい。7つのオレンジ球がのった黒い壺は、骨壺だった。

ボトルを3本空けたところで会はお開きになった。宿へ戻る道すがら、今日の出会いの意味を考える。ウィーンはハイソだから、と街の印象で人の印象を括《くく》るなんておかしな話だ。旅も終盤なのに、今までなにを学んできたのだろう。僕は恥ずかしくなった。

ジェレミスは、太陽のようだった。お兄さんのエピソードには驚いたが、ジェレミスはどこかで、心に決めたのかもしれない。いつも機嫌よく楽しくすごそう、と。ちょっと（かなり？）おかしなところもあるけど、それも含めて魅力だらけで、僕はすっかりファンになった。

Column

Havana

ハバナ／キューバ

チナさんの家

Today's Menu

白身魚のグリル、羊肉のソテー、菜っ葉の炒めもの、バナナの揚げもの、トマトとキャベツのサラダ、ライス

チナの愛称で近所から親しまれる旦那さんは、中華系キューバ人。資本主義国と関係が薄いキューバは、共産主義国とのつながりが深い。日用品や家電、街中を走る大型バスまで、中国製のものを多く見かけました。

約束の時間に訪問すると、すでに機嫌よく奥さんと一緒に料理中。星条旗がプリントされたエプロンとFBIと書かれたTシャツを着る旦那さん。ジョークのレベルが高すぎる！　調理から盛り付けまで、手際の良さは一級品。終始ごきげんと思いきや、笑いながらも、ふと出たひと言。「この貧しい国をどうにかしてくれよ」。このひと言にキューバの現実を垣間見た気がして止みません。

●家族／妻（29歳）、夫（34歳）
●住まい／RC造マンション2LDK
●得意料理／何でも作れるよ！
●コメント／世界中を食べて周って、楽しそうだね。
　俺らも連れて行ってくれよ！

Rio de Janeiro
リオ・デ・ジャネイロ／ブラジル

イヴァンとバーバラの食卓

家族
イヴァン（31歳）・バーバラ（37歳）

玄関の扉がゆっくり開く。重そうな漆黒のドアに真っ白な右腕を掛けて、イヴァンが登場した。その姿をひと目見て、僕の笑顔は引きつった。深緑の色あせたTシャツからのぞく、両腕のタトゥーにくぎづけになった。

いや、ちょっと待て。笑顔が引きつった理由は、禍々《まがまが》しい入れ墨だけが理由ではない。イヴァンのたたずまいがどうもおかしい。南米では稀有《けう》な美白の肌、あばら骨が浮き出る貧相な体、丸メガネ、無精なヒゲとくるくる巻いた髪の毛。どっからどうみても……ジャンキー（麻薬中毒者）だ！　シンプルに怖い！

「Hi, Masaya, welcome to our house.」

イヴァンは、ニタッと笑って白い歯を見せた。笑うと逆に怖い。あぁ、怖すぎる！ヤバい家にたどり着いてしまった。キッチハイクの旅、いよいよハズレくじだ。逃げるなら今しかない。心臓がバクバク鳴り始める。もう腹ペコどころではない。1、2秒だろうか、僕はパニック寸前の頭をフル回転させ、最悪の場合は窓から飛び降りよう、と腹を括った。礼節たっぷりに形式ばった挨拶をして、アジトへの一歩を踏み出す。

「今日は招いてくれてありがとう。おじゃまします」

「靴は脱いでくれるかな？」

「え？　あ、はい、わかりました」

中南米にしては珍しいな、と思った。ん？　ここは「注文の多い料理店」か？　最後は、シャブ漬けにされて、鼻で吸われてしまうのか？　裸足《はだし》だといざという時、さすがに逃げづらい。石造りの床はやけにひんやりして、足裏だけじゃない、肝まで冷やすようだった。

見たことのないリオの日常食

すでに料理中のようで、香ばしい匂いが部屋を満たしていた。ドキドキしながらアジトの全容を把握しようと部屋を見渡す。そして、あることに気づいた。万が一の非常口となる窓が金網で囲われている。しまった！　外からの侵入者を防ぐために、窓に金網や鉄条網を掛けるのは中南米のセオリーだ。

うーむ、困ったなと腕組みをしていると、キッチンからイヴァンの彼女、バーバラが飛び出してきた。ウェーブがかった黒髪ロングのツーブロックに、パッツンの前髪。ところどころに金色のメッシュ、そしてギョロギョロした大きな眼と、大きな鼻、大きな口。背中にはバイオリンのf字孔の入れ墨。まるで道化師だ。イヴァンもバーバラも見た目のキャラクターが濃すぎる。テンションの高いバーバラは、早口に言った。

「よく来たね。今日は、いつもわたしたちが食べている料理を作るよ。いいよね？」

「ありがとう。もちろんだよ！　今日は本当にありがとう！」

必要以上に何度も何度もお礼を言った。バーバラは、表情がとても豊かだった。器用に眉と口角を上下させて、大きな笑顔と真剣な顔を行ったり来たりする。キッチンは、コンロと流しが背中合わせになっている配置で、手狭だが使い勝手がよさそうだ。２人の暮らしを支える台所は、生活感満載で雑然としていた。

「どんな料理を作っているの？」

「ムケッカよ。ブラジルでよく食べられる海鮮シチュー」

南米大陸に入ってからというもの、獣のごとく肉まみれの毎日を送っていた僕は、久しぶりの海産物に興奮を隠せなかった。リオ・デ・ジャネイロは海の街だ。コパカバーナビーチに向かって、一礼二拍手して拝みたくなる。

「でも、わたしたちはベジタリアンだから、シーフードの代わりに野菜をたくさん入れるの」

「なぬ！」

さらば、新鮮な海の幸。見事なぬか喜びだ。しかし、ブラジルでベジタリアンなんて珍しいなと不思議に思った。イヴァンの肋骨《ろっこつ》も浮き出るわけである。

2人は黒い鉄鍋にたまねぎ、ニンニク、トマト、赤と黄のパプリカ、コリアンダーを入れてじっくりと煮込む。水は使わない。色とりどりの食材と一緒に、既視感のない白い物体が飛び込んだ。金太郎飴《あめ》のような形をしている。

「この白いのは何？」

「パルミット。そうね、ヤシの新芽の部分と言うのかな。ブラジルではとても一般的な食材よ」

海外の家庭料理を食べ歩く旅の醍醐味のひとつは、知らない食材と出会えることだ。

しかもそれが日常的に食べられているものだと、さらにドキドキできる。僕は非日常より、日常が好きだ。お祭りよりも、普通の日がいい。「ハレ」よりも「ケ」に、哀愁や尊いたたずまいを見るのだ。世界中の「ケ」は、なんてことない日々の生活を包み込むようにひっそりと存在している。ヤシの新芽を見て、日常のおもしろさを再確認するのだった。

おいしい匂いは緊張をほぐす効果がある。少しずつ秘密のアジトになじんできた。僕とバーバラが会話しているのを見て、イヴァンは嬉しそうにニタニタ笑っていた。うむ、まだ油断はできない。

だが、気づけば、すっかり2人のペースに巻き込まれていた。料理は一段落して、あとはごはんが炊き上がり、ムケッカを煮込むのみになった。

「乾杯！」

試しに飲んでみなよ、と差し出されたのは、ブラジルの蒸留酒「カシャーサ」だ。鼻に近づけただけで、ドスの利いたアルコール臭が粘膜をひくひくさせる。どんなお酒かよくわからないが、ここはひとつ見せつけてやろうとグラスに2㎝ほど入った琥珀色《こはくいろ》の液体を一気にあおった。喉と胃袋がジュッと焼けつく。こ、これは、キツい！　僕が飲み干すのを見て2人もびっくり、ラベルを見てこちらもびっくりした。なんと、アルコール度数が40度だ。数字を確認した瞬間、天井がぐるんと回った。

この旅初のベジタリアン・メニュー

ほろ酔いのランチが始まった。窓からは、金網越しにそびえ立つ緑の岩山が見える。リオっぽい風景のひとつだ。柔らかい陽射しと海風がアウトドアな気分にさせてくれる。まずはメインのムケッカから。興味津々だったヤシの新芽パルミットを口に運ぶ。なんと、おもしろい歯ごたえ！　タケノコともアスパラとも違う、ぷりっぷりの食感と舌ざわり。ぐっと力を入れると、実が口の中に弾け飛び、素材の優しい甘みが現れる。トマトベースの酸味ある味つけが力強く調和してたまらない。ぷるぷるムチムチした歯ごたえと妙味だ。毎日でも食べられる料理が一番おいしく、体にもいいと僕は思う。淡白な味わいと歯切れのいい食感は、日本人の口にもなじみやすいはずだ。

続いて、たまねぎとパプリカの炊き込みご飯をいただく。パラパラッとして、夏にも食べやすい軽めの仕上がりだ。雑食民代表を自負する僕は、好き嫌いなく何でも食べる。ベジタリアン食はこの旅初めてだったが、どんなに食べても重たくならない。なんて、それっぽいことを言い、お腹いっぱいまで罪悪感なく、バクバクと食べるのだ。

最後の1品は、バナナのファロッファ。バターで炒めた輪切りのバナナに、きな粉のようにパサパサした摩訶不思議《まかふしぎ》な粉末がかかっている。これまた既視感がない。

Beer

バーバラの説明によると、ファロッファは、「熱帯地域で育つキャッサバという芋をすりおろして乾燥させ、たまねぎ、ニンニク、香辛料、ハーブなどで味つけしたふりかけ」らしい。肉料理や豆料理など、どんな料理にも添えて食べる。ドキドキしながら口へ運んだが、首を傾《かし》げてしまった。

初めて食べる料理が口に合わなかった場合、いつもふたつの疑問が湧く。この料理は、そもそもこの味なのか？　それとも失敗なのか？　横でおいしそうに頬ばるイヴァンを見て、なるほど、前者なのねと合点がいく。にわかに反応の悪い僕を見て、バーバラは笑った。

「ハハハ！　ファロッファを好むようになったら、ブラジル人になったようなもんだね」

ファロッファか。口の端に上りやすいかわいい名前だが、日本では受けなさそうだ。2人はテンポよく、とにかくしゃべる。冗談を言う。1つ質問をすると、10を答えてくれる。早口で流暢な英語からは、教育レベルの高さがにじみ出ていた。

壁には、所せましとさまざまなアイテムが飾られていた。手描きのイラスト、交通標識、カセットテープ、新聞の切り抜き、ヘルメット、ボクシンググローブ。飾られた物に一貫性はまるでないが、妙なまとまりを感じた。中でもひと際目を引いたのは、アーティストの友人からもらった作品というボロボロの段ボールだ。本棚には、哲学書や小説、映画の写真集が並び、バンクシーの作品集の横には、ポルトガル語版の『はだしのゲン』があった。

この2人、いったい何者なんだ？　疑念はすっかり興味に変わっていた。会話を重ねるうちに2人の人となりが少しずつ明らかになった。イヴァンは、インディーズバンドのプロモーター。ふだんはライブハウスやレコーディングスタジオに出入りしている。なるほど、音楽関係者だったか、と全身の入れ墨も妙に納得がいった。

バーバラは、アートディレクター。以前は、広告のエージェンシーでデザイナーとして働いていたらしいが、今はフリーランスだ。見た目もキャラクターも個性的な2人は、とてもお似合いだった。仕事ができる敏腕プロモーターとアートディレクターか。自信に満ちたふるまいと、エンターテインメント精神あふれる話し方に、僕は魅了された。素直にカッコいいと思える同世代に出会えて、励まされた気がした。

「ブラジルは社会構造が変わらないのよ」

「どうゆうこと？」

バーバラが眉間に皺を寄せて話す。果汁100％のオレンジジュースで一服しながら、僕らは食後のおしゃべりに興じていた。

「貧しい人はずっと貧しい。お金持ちはずっとお金持ち。税制がお金持ちに有利だからね。生まれた社会階級から抜け出すためには教育が必要だけど、貧しい人は教育を受ける機会も奪われる。もっと言えば、なぜ自分が貧しいかを考えることもできなくなる」

詰め込んだ料理を消化しようと血液が胃袋に集中していたが、真剣な話を受けて血液が頭に戻ってきた。イヴァンも熱っぽく続ける。

「例えば、貧しい少年が金持ちの車に撥《は》ねられて亡くなったとする。でもそれは何事もなかったことになるのさ」

オレンジジュースを飲む手が止まる。信じられないことだ。

「ワールドカップもオリンピックも必要ないと思うわ。スタジアムや関連施設の建設のために、立ち退きを強いられた貧しい人たちは家を失った」

「政府からは、代わりの家も与えられてない。信じられるか？」

2人はとても情熱的だった。権威や組織に立ち向かう思想を持っていた。イヴァンのことをジャンキーだなんて見た目で判断してしまった自分が恥ずかしい。

「リオの郊外には今も〝ファベーラ〟が広がっているんだ」

「〝ファベーラ〟って？」

「スラム街のことよ。犯罪が起きるのは日常茶飯事。わたしたちのようなブラジル人でもめったに立ち入ることはないわ」

ブラジルの闇は深い。僕は言葉を発することができなかった。そして、2人のエネルギーにも圧倒された。菜食主義なのに、この情熱と力強さはどこから来るのだろう！

ベジタリアン＝なんとなくおだやかな人、という偏見は吹き飛んだ。と、バーバラが突然、席を立ち、一本のＤＶＤを手にとった。

「『シティ・オブ・ゴッド』、観《み》たことある？」

「ごめん、観たことない。どんな話なの？」

イヴァンはうなずくと同時に、ＤＶＤデッキの電源を入れた。急遽《きゅうきょ》、食後の上映会が始まった。

『シティ・オブ・ゴッド』は、リオ・デ・ジャネイロのスラム街、通称ファベーラを舞台にしたブラジル映画だ。原題の〝Cidade de Deus〟は、映画の舞台で、現存するファベーラの地名。実話を基にした少年ギャングたちの抗争の話だ。強盗、麻薬の売買、殺人など、年端もいかない少年たちの暴力的な生き様が鮮やかに描かれている。

なんと、キャストの大半は、実際ファベーラに暮らすストリートチルドレンを抜擢《ばってき》したというから驚きだ。どうりで全シーンが生々しい。最後のシーンは、少年ギャングのリーダーの少年が、次の世代の少年たちに銃で蜂の巣のごとく撃たれて死ぬ。そして、次の世代も何も変わらず犯罪に手を染めて生きていく。抜け出せない貧困と犯罪のループだ。リオで観るリオの現実は、臨場感がありすぎて、しばらく呆然《ぼうぜん》としてしまった。これが現実だなんて、恐ろしすぎる。ブラジルの社会構造を怖いくらい見せつけられた。

心臓が何度も止まりそうになる2時間の上映が終わると、もう日が暮れ始めていた。

映画の途中で2人は部屋に戻っていた。鑑賞後の興奮を伝えようと声をかけてみたが、反応がない。寝ているのかもしれないな、と2人が起きるのを待ったが、変に居座るのも憚《はばか》られたので、お礼の手紙を書いて部屋を後にした。

玄関のドアを開けてからの数時間、何もかも想像を超えていたことに気づく。この旅は、いつもそうだ。予定調和はいっさいない。リオ・デ・ジャネイロの街は午前中よりもはるかに長い影が伸びていた。

この時から、僕は何かに負けそうになると、イヴァンとバーバラのことを思い出すようになった。

旅先の食卓こそ、〝世界遺産〟なんじゃないか？

ブルネイからコロンボに向かう飛行機の中で、あらためて思った。

家の料理は、まさに今この瞬間にも躍動する暮らしのど真ん中にある。旅先の暮らしを味わう。地元の人と交流をする。「今」「ここ」にある生々しさに触れる。これこそが、これからの旅のスタイルだ。

Sigiriya
シギリヤ／スリランカ

ナヤナ一家の食卓

家族
ナヤナ（22歳）・母（42歳）・
妹（19歳）・叔父（35歳）

そのためのきっかけであり、具体的な方法が旅先の家で食卓を一緒に囲むこと。まだ世に開かれていない、ガイドブックに載ることもない出会いと食卓こそ、最後のサンクチュアリだと思うのだ。


「今夜、泊まれる宿を探しているんだ」

「お安い御用だよ」

「もし知っていたら、ごはんをふるまってくれる家を紹介してくれないか？」

僕は、スリランカが誇る世界遺産・シギリヤロックの麓で、三輪タクシーの運転手と交渉をしていた。スリランカ人の多くは、シンハラ語を話す。タクシーの運転手は英語がカタコトで、お互いに身振り手振りを交えて、なんとか意思が伝わったようだった。

「いいから乗りな！」

話がまとまったのか、まとまっていないのか。運転手が悪いやつには見えなかったので、とりあえず乗り込むことにした。

三輪タクシーは、モサモサと繁る森の中へ勢い良く飛び込んでいった。大きな樹木がニョキニョキ並ぶ静かな森林の間を縫って、一本道をひた走る。森の発するマイナスイオンがシギリヤの柔らかい風に乗って漂う。風が良い土地は大好きだ。スリランカに入って1週間ほどが経ったが、この国は本当にいい風の吹く場所が多いと思った。10㎞ほ

ど走っただろうか。遠くに既視感のある大きな四角い岩山が現れた。世界遺産で有名なシギリヤロックだ。

「着いたぞ。降りてくれ」

「あれ？　ここは宿なの？」

「いや、俺ん家だ」

「は？」

一本道を脇道にそれて、古めかしい一軒家の前で三輪タクシーは止まった。鬱蒼《うっそう》と繁る森に囲まれ、うっとりとする場所だ。

「おっちゃん、どういうこと？」

「ウチに泊まってくれていいよ。メシは、姉ちゃんと姪《めい》っ子たちが作るから」

運転手は、ピューピューと口笛を吹きながら家の中へ入っていった。なんと、寝床と家庭料理、両方同時にありつくことができた。日々の行いは、良くしておくものである。

一家は四人暮らしだった。運転手のジェイ、ジェイのお姉さん、そしてお姉さんの2人の娘である。お姉さんの夫は、いないようだった。

出迎えてくれたのは、流暢な英語を話す長女のナヤナだ。コロンボの大学でエンジニアリングの勉強をしていたらしい。

英語を話すナヤナを見て、ジェイのお姉さんはなにやら自慢気だ。ふだん知らない長女の一面を見られて、嬉しかったのかもしれない。

「時々だけど、こんな感じでジェイ叔父さんが連れてくる旅人に部屋を貸しているの」

「いきなり来られると、びっくりしない？」

「もう慣れたわ。ここは、インターネットも電話も通じないから、あんまり人が来ないのよね」

シギリヤロックへ至る道沿いにあるわけでもなく、もちろん道標《みちしるべ》もない。隠れ里にある家だ。もう一度たどり着くのは無理である。外界と隔離されているので、幻と言われてもおかしくはない。夜が明けたら、森の落ち葉の上で寝ているかもしれない。

化かされている？　そう思うと、確かにジェイはタヌキっぽかった。見れば見るほど、ますますタヌキに見えてきた。

一軒家は相当に古いが、表から見るよりはるかに広い。４ｍ以上ある天井の高いリビングルームに通され、古ぼけた革のソファに座る。長女のナヤナと次女のリアナが、緑色をした謎のウェルカムドリンクをいれてくれた。

「おいしいの？　ねぇ、おいしいの？」

「味はどうなの？　感想を聞かせて。ねぇねぇ」

姉妹はクスクス笑いながら、しつこく感想を聞いてくる。ちょっと落ち着いてくれ、まだ口もつけていない！

グビリとひと口飲むと、酸味と塩気がぐっと押し寄せてきた。キウイと柑橘《かんきつ》系の果物を絞ったジュースに塩を入れたような味だ。う〜ん、おいしくなくはないけど、おいしいこともない。味がよくわからない！

コメントに窮した僕の、微妙な表情を見て、２人とも嬉しそうに声を上げて笑った。目鼻立ちがはっきりしている２人が笑うと、相当かわいかった。僕は、いったい何を飲まされたのだろうか？　ますます化かされている気分になってきた。人間の体液って、こんな味のような気がした。

美人姉妹のマイペースクッキング

夕食の調理が始まった。なんと、竈《かまど》だ。薪《まき》から火をおこす台所は、この旅で初めてである。ガス生まれ、ＩＨ育ち、焦げそうなやつはだいたい電子レンジ、を地で行くニュータウンボーイの僕は興奮を隠せなかった。一緒になって薪を放り込む。３人は、横一列に並んで仲良くいんげんのスジ取りを始めた。いったいどんな料理が出てくるのか。スリランカ料理のイメージがまったく湧いてこない。

「今日は何を作ってくれるの？」

「えーとね、いつも食べてるやつ」

「料理の名前は？」

「料理名は、特にないよ。いつものやつ」

ナヤナがあっけらかんと答える。そうか、世界には、名前のない料理があるのか。生活に溶け込んでいる証拠と言えるかもしれない。レストランに並ぶこともない、家庭料理そのものだ。

ここで、見たことのない調理器具が登場した。1mほどの板にギザギザの金属片がついた柄がくっついている。ん？　これはどうやって使うのだ？　リアナは、板の部分に座り、器具を固定して、先端の金属でココナッツを削り始めた。お母さんが刻んだパセリの入ったボウルに、砕けたココナッツが覆い被さっていく。相当妙な絵面《えづら》だが、使い方は正しいのだろうか？

「いつもそうやって使っているの？」

「そうね。野菜や木の実、果物を削ったり、砕いたりするわ」

「この調理器具の名前は？」

「名前はあるのかしら。いつも使っているけど」

今度は、名前のない調理器具だ。スリランカの家庭には、なじみすぎて名前がないものが多いのか？　この器具を台所以外で見たら、とても調理用とは気づけない。

「これは、ナヤナ家のオリジナルなの？」

「どうかな。他の家の台所のことは、よくわからないね」

ここは、独立国家なのだろうか？　ここまで来ると、もう化かされていてもいいと思った。僕は、壮大なドッキリの中にいた。

とってもスパイシーなんだけれども

いよいよ晩餐が始まった。料理の盛りつけの美しいこと！　玄関の電灯がガス灯のようにぼうっと輝き、テラスのテーブルに並ぶ料理を照らした。あたり一帯が真っ暗な上に、森は薄い霧に包まれ、いよいよファンタジーが度を超えてきた。森の中の立地といい、謎のウェルカムドリンクといい、この家、本当に大丈夫だよな？　にこやかな一家の横で、僕はひとり不安になり始めていた。

まずは、ジャガイモの煮込みに手を伸ばす。パクリ！　うん？　一瞬では味が把握できない。味が複雑すぎるのだ。舌の上でビリビリと強い雑味を感じた。おいしいけれど、この複雑で濃い味つけを食べ続けるのは、なかなかハードだ。食道と胃袋がしびれてくる。わかるだけでも、コリアンダー、クミン、チリ、カルダモン、クローブ、ナツメグなど、かなりの種類のスパイスが配合されている。

続いて、袋茸《ふくろたけ》炒めを口に運ぶ。再び舌の上でビリビリと強い雑味を感じた。次は、ハチノス炒めだ。ひとかけらを舌にのせる。うん？　どこかで食べたことのある味がする。この時、僕はうっすら嫌な予感がした。口直しにと思って、いんげんの炒めものをつまむ。4つ目の料理を食べて確信した。

味つけ、全部一緒！

名前のない家庭料理は、味がすべて同じだった。頼みの綱と思っていたジャスミンライスは、残念なくらい香りが悪く、正直喉を通らなかった。再びハチノスを口に運びながら、バレないようにちらっと家族の様子をうかがった。お母さんもナヤナもリアナもジェイも、おいしそうにもぐもぐと食べていた。その晩、僕の胃袋の大半は、パセリとココナッツのサラダで満たされたのだった。


翌朝、皆にお礼と別れを告げて、シギリヤロックに登った。頂上の遺跡からのぞむ眼下は見渡すかぎりの森だ。この森の中にナヤナ家があるはずだが、とても見当たらない。いや、冷静になって昨晩を振り返ってみると、やはりどの出来事も何かちょっとズレていた気がする。本当に家があったのか、家族はいたのか、今となっては確信が持てない。別の世界にトリップしたような、幻を見たような感覚だった。

ただひとつ、スパイスの大量摂取により荒れた胃だけが、昨晩の出来事を証明していた。ただれた胃の壁面に新鮮な胃液がさし込んでくる。シギリヤロックの頂上で思った。「世界遺産というより、〝世界胃酸〟だな」と。記憶が刻まれたのは、胃袋だけじゃない。お尻の穴にまでしっかりと痛々しい爪痕を残した。

Column

Brussels

ブリュッセル／ベルギー

トムとキムさんの家

Today's Menu

根セロリ、ビーツ、人参、インゲン、パセリのグリルソテー、皮付きフライドポテト

チョコの芳香が鼻をくすぐる首都ブリュッセル。

僕らはベジタリアンなんだ、と語る夫妻の食卓へ。聞くと、ベルギーのベジタリアン率は欧州一。毎週木曜日をベジ・デイと称して、肉食を禁止している地域もあるんだとか。食前にどうぞ、と出してくれたのは、100%のキャロット・フルーツ・スムージー。ひと口飲むごとに、内臓器官が浄化するよう。アイランドキッチンで旦那トムが陽気に切るのは、メロンのように巨大な根セロリ。炒めると、大味そうな見た目とは裏腹に繊細な風味が香ります。満腹だけどなんだか軽い体を実感です。

●家族／妻（30歳）、夫（31歳）
●住まい／RC造マンション2LDK
●得意料理／根セロリのスープ
●コメント／この建物は、元々は工場。
入居者は、自分で内装を好きにイジれるのさ。

San Francisco
サンフランシスコ／アメリカ

ネイザンとノラ一家の食卓

家族
ネイザン（40歳）・ノラ（37歳）・
チャーリー（1歳）

乾いた空気を吸い込む。鼻の両穴が10¢《セント》コインくらい広がり、スリランカとインドで伸びきった鼻毛がそよいだ。12時間のフライトで縮んだ肺に、たっぷりと酸素を送り込むのだ。

僕は、サンフランシスコ空港のエントランスにいた。真っ青にスコーンと抜けた空。これぞアメリカ、自由の青天井だ！　長いアジア放浪を経て太平洋を渡った僕は、食卓界のアメリゴ・ヴェスプッチを気取り、ひとりニヤニヤと盛り上がっていた。

待つこと5分、年季の入った白のBMWが現れた。勢いよく助手席のドアが開いて、ボヘミアンな色調のスカートを穿《は》いた黒髪の女性が飛び出してきた。ノラだ。

「マサヤ？　久しぶり！　ワールドツアー中だなんて、最高だね！」

「迎えに来てくれてありがとう！　ノラさんも元気そうだ！」

僕は、大げさなジェスチャーを交えて感動の再会にこたえた。無意識に肩をすくめたり、両手で空《くう》をブンブン切ったりした。急にアメリカっぽくふるまう自分に驚く。いつからアメリカ人になったんだ？　そう思いつつ、調子をまねることが現地に溶け込む方法であることは、この旅でよくわかっていた。

「ようこそ、サンフランシスコへ。天気は、晴天で仕切っておいたよ」

車に乗り込むと、真っ黒なサングラスをかけたネイザンが待っていた。落ち着いたトーンでアメリカンジョークを飛ばしてくる。顔の筋肉が自由自在。ネイザンは、器用に口角を上げ下げした。トム・クルーズみたいだ。

そして、チャイルドシートに座る初対面の一人娘チャーリー。柔らかい金髪にクリクリした青い眼。このかわいさは、反則だ！　幼少期の印象的な出来事は、意外と覚えているものである。東洋人代表としてチャーリーの記憶に残るならば、と僕は深い礼節をもって挨拶をした。

「はじめまして。マサヤです。日本から来ました」

ネイザンとノラに初めて会ったのは、忘れもしない2011年のことだ。僕は当時、東京で外国人の旅人を家に泊めていた。ある日、2人からAirbnbを通じてメッセージが届いた。

「君は、Burning Manに行ったことがあるのかい?」

なにげなく書いたプロフィールを見て、興味を持ってくれたようだった。26歳だった僕は、意気揚々と返事をした。

「2009年に参加したんだ。最高にクレイジーなフェスだね!」

そこから話は早かった。すっかり意気投合して、連絡を取り合い、2人は東京まで遊びに来ることになった。そして、当時僕が友達と3人で住んでいた新大久保のマンションに泊まったのだ。

Burning Manとは、アメリカ・ネバダ州で毎夏開催されるアートフェス。アートと音楽と悪ふざけが融合した祭典である。

ブラックロック砂漠に、世界中から5万人が集まり、「The Man」と呼ばれる人の形をした巨大な木造物を囲んで1週間だけの仮想の街を作るのだ。ルールは大きく3つ。「1. No Spectator(傍観者にならない)」「2. Gifting(お金はいっさい使えない)」「3.

30

Leaving no trace（持ってきた物はすべて持って帰る）」。

会場では理解できないアート作品が展示され、参加者がパフォーマンスを披露する。2009年の夏、僕はわざわざ東京から参戦したのだ。そこかしこに鎮座する巨大なオブジェ。夜な夜な炎を吹き上げる装甲車。大爆発、轟音《ごうおん》。レーザービームを照射しながら爆走する2階建ての改造バス。電飾と仮装を施した人々。想像をはるかに超えた光景を目の前にして、カバに心臓を踏まれたくらい驚いた。全身の毛穴という毛穴がパッと開き、汗と感動が噴き出てきたことをよく覚えている。

1週間という短い滞在だったが、まったく既視感ないモノばかりで、脳みそがかゆくなった。常識はまったくないが、品とセンスは抜群にある。若い自分には、充分すぎるインパクトだった。

「1. No Spectator（傍観者にならない）」のコンセプトに則《のっと》り、どうせなら日本らしいパフォーマンスをしよう！　と悩みに悩んだ結果、西武ライオンズの応援をしたのはいい思い出である。まぁ、まったくウケなかったわけだが……。

東京では、過剰なくらい2人をもてなした。ネイザンはフォトグラファー、ノラはファッションデザイナーと聞いていたので、たまたま仕事の関係でチケットが手に入ったファッションイベントに連れていき、明治神宮を案内し、魚料理の居酒屋でたらふく飲み食いをした。

皆で家に戻り、こたつでみかんを食べながら赤ワインのボトルを開けまくった。サプライズの接待を受けた2人は、初めこそ困惑していたが、すぐになじんでとても楽しそうだった。全員が酔いすぎて、終わりの記憶はない。レスラーのお面を被って、ネイザンと一緒に小躍りする写真だけが、会の終幕を物語っていた。たったひと晩の出来事だったが、僕は2人と腹の底からつながった気がした。

そんな出会いがあっての今回である。ネイザンもノラも、僕のサンフランシスコ訪問を本当に喜んでくれた。人生が地続きにつながっている。そう深く感じた再会だった。

家へと向かう車内で思い出話に花を咲かせる。

「それにしても、マサヤは英語が上手くなったね！」

「そう？　実は、2人と話すために勉強したんだ！　フィリピンとインドで英語学校に行った」

2人の顔が驚きで一瞬固まった。そしてネイザンが言った。

「今だから正直に言うけどさ。3年前に東京で話した時は、マサヤが何を言っているか、ほとんどわからなかったぜ！」

えっ、そうだったの！　いったいどこまでジョーク？　ネイザンとノラは爆笑していたが、僕はがっくり肩を落とした。どれだけひどい英語をしゃべっていたんだろう？　英語を勉強し直して良かったなと心底思った。

seacycle

3年前、僕はこんな質問をしていた。

「2人は、サンフランシスコでどんな家に住んでいるの？」

「ボートハウス。朝、イルカが起こしに来てくれる時もあるのよ」

当時は耳が腐っていたので、聞き間違いかな？　と思って、アーハーとかンーフーとか言って、わかったフリをした。ところが、ゴールデン・ゲート・ブリッジを越えてたどり着いた3人の住処《すみか》は、本当に船だった。

「なんだ、ここは！　こんな家、アリ？」

飛び込んできたのは、目を疑うボートハウスの数々。ひとつひとつデザインが異なるボートハウスが100軒近く並んでいた。レトロなのに洗練されている。バラバラなのにまとまっている。相反する美しさが絶妙な均衡を保ってファンタジーな世界観を創り上げていた。

「ここはおだやかなコミュニティなんだ。シティは忙《せわ》しないから、最近はあんまり行かなくなったね」

「ここに住んでみたいよ！　3人がうらやましい！」

心からの叫びだった。背を向けたまま話すネイザンから、大人の余裕がたっぷり漂っていた。

料理は、作る間も楽しむもの

「乾杯しましょう！　ビール、それともワイン？」

「えーと、Both（両方）で！」

僕は、興奮冷めやらぬテンションで答えた。まずはおつまみね、と登場したのは、ノラお手製のトマトとチーズのブルスケッタだ。飲みながら作ろうぜと言いながら、ネイザンはもう飲み始めていた。再会を祝して、まずはサンフランシスコ産のクラフトビールで乾杯をした。ペールエールの強烈な苦味が喉を突き抜ける。家に余分なスペースはいっさいないが、冷蔵庫は業務用の大きさだった。

こんなに味わいある暮らしをしていて、料理への造詣が深くないわけがない。丁寧に食と向き合う人の生活は、いつだって潤っている。日々をじっくりと噛みしめる時間がある。人生を味わっているように思える。

赤ワインを傾けながら、おしゃべりを続け、料理を作った。今夜のメインディッシュは、豚ヒレ肉のグリルだ。ニンニクとオレガノの特製タレに漬け込む。マッシュルームとほうれんそうをささっと炒め、パンプキンシードをオーブンで軽くあぶる。2人は迷いのない所作で3つの料理をテキパキと調理した。

「キッチンドリンカーとは思えない手際の良さだね！」

僕が冗談めいて言うと、ネイザンが遠い目をして答えた。

「昔、2人でケータリングをやっていたことがあるんだ。あの頃は大変だったね」

「そうね。懐かしいわ」

ノラが答える。そうか、完璧に見える2人のスタイルは、一朝一夕に身についたものではないんだな。きっと紆余曲折《うよきょくせつ》を経て、今の暮らしにたどり着いたんだろう。チャーリーは、大人たちの会話を気にすることなく、マイペースにカボチャ味の離乳食を食べていた。

ボートハウスのどこまでも魅力的な時間

アペタイザーのブルスケッタを堪能した後は、マッシュルームとほうれんそうの炒めものに手をつけた。余分な味つけはいっさいなく、塩胡椒で引き立てられた素材の旨みが芳醇《ほうじゅん》な薫《かお》りとともに、じわ〜っと舌の根元まで包み込む。追いかけるように赤ワインを流し込むと、オリーブオイルとキノコの出汁《だし》が見事にマリアージュを起こして、旨みの連鎖が口の中を占拠した。奥歯ですり潰され、とろりとなった素材たちがぬるりと喉元を過ぎていく。おいしい、そしてなんとも幸せな時間だ。

聞くところによると、サンフランシスコは密かなキノコブームらしく、シティでは、キノコ専門店がちらほらオープンし、キノコだけを扱う雑誌も創刊されたらしい。さすがヒップの最先端を走る街である。

いよいよお待ちかね、豚ヒレ肉をグリルする。ジャーッという景気のいい音とともに、豚肉の香ばしい薫りがボートハウスに充満した。船の中で肉を焼く。海賊になった気分だ。

「船旅をしているみたいだ」

僕がそう言うと、2人は間髪入れずに切り返す。

「わたしたちはいったいどこへ向かっているのかしら」

「OK、チャーリーキャプテンに、ちょっと聞いてみよう」

ちょっとした切り返しがウィットに富んでいる。

大人とは何なのか？　僕の中には、明確な答えがあった。大人とは、ウィットに富んでいる人のこと、そしていつでも機嫌がいい人のことを指す。2人は、間違いなく僕の中の大人に該当した。どこまでも魅力的な2人からは学ぶことしかなかった。

トングで肉をつかみ、肉の各面を焼き上げる。ノラがプラスドライバーのような器具を手にした。すると、勢いよく肉にブスッと刺すではないか。

「これで温度を測るのよ」

恐れ入った。ふと、スリランカのナヤナ一家では、薪の竈でジャガイモを煮込んでいたことを思い出した。一瞬にして時空を越えて未来へ来てしまった。

ようやく今晩のメインディッシュができ上がり、僕らは席についた。時間をかけてグリルされた豚ヒレ肉の柔らかいこと！　噛むほどに肉汁があふれるジューシーな仕上がりで、海賊の胃袋はドカンと満たされた。

陽が落ちると、暖色の灯《あか》りとあいまって船内はよりファンタジーな世界へ変貌を遂げた。窓からのぞくボートハウス群は、色とりどりのネオンが輝き、クリスマスのようにキラキラしていた。

会社員時代、連日午前様の泥酔をくり返した僕は、それなりにアルコールに強くなったが、この時ばかりは思いきり酔っぱらった。お酒に酔ったのか、雰囲気に酔ったのか。それとも、船酔いなのか。いや、３人の醸し出す幸せなバイブスに酔ってしまった。幸せに泥酔する。悪くない。この旅で気づかないうちに蓄積した緊張と疲れが癒やされていった。

「そういえば、マサヤは、どうしてBurning Manに行ったの？」

「20歳の時に知り合った先輩が教えてくれてね。いつか行きたいと思って、準備していたんだ」

もう10年以上も昔の話である。コウタさんという２つ年上の先輩は、独特な人だった。北海道出身で大学はアメリカへ。知り合った時は、アメリカ人とカナダ人と巨大なゴールデン・レトリバーと一緒に吉祥寺《きちじょうじ》の一軒家に住んでいた。ひょんなことから知り合い、時々家に遊びに行くようになった僕に、Burning Man のこと、ジャック・ケルアックやアレン・ギンズバーグを代表とするビート文学のこと、鶏の解体の方法やツリーハウスの造り方を教えてくれた。その後、連絡を取るたびに、ニューヨークでラーメン屋をやっていたり、オーストラリアのバナナ農園で働いていたり、インドを放浪していたりする、ヒッピーを地で行く人だった。

「じゃあ、その先輩のおかげで俺たちは出会えたわけだ」

「お礼を言わないといけないね」

人生は地続きだ。ネイザンもノラも、そのことをよく知っているようだった。

出来事というものは、起きたその時点では、まだ意味がぼんやりしていることが多い。その後に起きた出来事につながった時、過去の出来事がようやく明確な意味を持つと僕は考えるようになった。言ってしまえば、出来事それ自体に、あまり意味はないのだ。あの出会いがあったから今ここにいるんだ、と気づいて初めて過去が輝き始める。つまり、過去が意義あるものになるかどうかは、今にかかっている。

コウタさんとの出会いがより意味を持ったのは、実際に Burning Man に行ったから。Burning Man に行ったことがより意味を持ったのは、ネイザンとノラが東京を訪ねてくれたから。2人との出会いがより意味を持ったのは、サンフランシスコで再会することができたから。

魂の呼ぶ方へどんどん進む、そして時々後ろを振り返って、過去の出来事をねぎらって、「Good Job!」と言ってあげる。人生をちゃんと地続きにしていくこと。一貫性はなくても偶然が紡ぐ連続性のある人生は、なんておもしろいんだろう！

翌朝の別れは、あっさりしたものだった。また会うことがわかっていれば、何も悲しいことはない。それに今回の訪問がより輝くのは、また再会できた時かな、そんな風に考えると、逆にワクワクする。次の日、ノラから届いたメールに、こんなことが書いてあった。

「Our paths will cross again when the time comes.（会うべき時が来たら、きっとまた会えるよね！）」

Column

Danang

ダナン／ベトナム

ウイングさんの家

Today's Menu

カインチュア、空芯菜の炒めもの、ベトナム風エビフライ、白米

おいしくてもまずくても、旅先の食卓はいつもDEEP！　観光地化した世界遺産だらけの今、最後の秘境は人の家。台所事情は、文化遺産です。

事情を感じさせる末尾が“1/2”と表記された住所を目指して、複雑な路地を通り抜けます。何とか辿り着いたのは、外観が翡翠色のアジトな雰囲気漂う一軒家。背は低いけど、テンションは高い爺ちゃんが出迎えてくれました。

編み物が趣味のお婆ちゃんが、静かに無駄のない動きで料理を作ります。魚、パイナップル、トマトが入った酸味の強いスープ、ベトナムの代表料理カインチュア。食後もテンションが下がらない爺ちゃんに誘われ、バイクに乗って街へ飲みに繰り出したのでした。

●家族／父（62歳）、母（64歳）、長女（33歳）
●住まい／鉄筋コンクリート4階建て一軒家
●得意料理／バインザン（ベトナム風ドーナツ）
●コメント／ベトナムは、珈琲が美味いんだ。そのへんの道端の適当な店でも、美味いから驚くよ。とにかく一回試してごらん！

Rennes
レンヌ／フランス

ヴァージニーとジャックの食卓

家族
ヴァージニー（27歳）・
ジャック（31歳）

僕は、美食家ではない。いわゆる〝グルメ〟にはなかなかなれない。料理がおいしいだけの時間では、物足りないと感じてしまう。〝食〟を通した出会いにこそ、喜びを覚えるのだ。

ミシュラン発祥の国、フランス。ここは、パリ。

僕は、ガチガチに気構えていた。フレンチと聞くと、どうも高級レストランをイメージしてしまう。ばっちり仕立てたスーツを着て、ジェントルマンを気取る。フルコース料理を一品一品スローモーションで口へ運ぶ。インテリな会話をくり広げ、とにかく、とにかく上品に、いわんや貴族のようにふるまうのだ。

う〜ん、やっぱり僕には、まだ早い！　早いというか、できる気がしないのだ。こっ恥《ぱ》ずかしくなって、テーブルクロスの下に隠れてしまいそうになる。はたして、美食の国フランスで家におじゃましまして手料理を食べさせてほしい！　なんてフランクな距離感が通用するのだろうか。僕は、小雨の降るセーヌ川のほとりで、クロワッサンを頬ばりながら、う〜むとうなっていた。

ウソみたいな話だが、ここまでの旅路で一度も雨に降られた日がなかった。なんて能天気な旅だろうか。アジアや中南米で、スコールは時々あったが、朝から晩まで雨が続くことは一度もなかったのだ。天候の悪評高いロンドンでさえ、滞在中の1週間、一度も雨が降らなかったほどである。

そこへきてパリで初めての雨、それも連日。どす黒い曇天の空は、歓迎されてないなと思うには充分すぎた。数年前、東京を旅行中のパリジャン御一行とお酒を飲んだことがあったが、やけに〝上〟から接されたことをふと思い出した。

結局、パリでは人の縁にも恵まれず、おいしい出会いの扉を開けることができなかった。出会う人出会う人、端《はな》から図々しく声をかけなかったことが悔やまれる。なんか断られそうだな、だってパリだし！　と躊躇《ちゅうちょ》しているうちに、いつのまにかパリを発つ日になってしまったのだ。

　パリから西へ約４００㎞。僕は古都レンヌにいた。人づてに、ごはんを作ってくれるカップルに、なんとかたどり着いたのだ。玄関の扉が開くと、真っ赤な髪の女性が現れた。ヴァージニーだ。

「Hi.あなたがマサヤ？　ウチに来るなんて変わり者よね。レンヌは初めて？」

　真っ赤な髪に真っ赤な口紅、左腕にはケバケバしい入れ墨。パンクロッカーのような出で立ちにギョッとした。ギョッとした後は、深いＶ字のワンピースからのぞく谷間にドキッとした。急いで胸元から目線を外して、平静を装いながら答えた。

「や、やぁ！　今回はありがとう！　レ、レンヌどころか、フ、フ、フランスが初めてだよ」

　見事につっかえた。普通にふるまおうとしたのがまずかった。明らかに挙動不審だ。恥ずかしくなって、ヴァージニーから目をそらす。

「ふふ。そうなんだ。まぁ入りなよ」

すっかり彼女のペースに飲まれてしまった。ますますフランスが遠くに感じられた。

「今日はガレットを作ってあげるからね」

　ガレットは、レンヌのあるブルターニュ地方の郷土料理だ。日本では、そば粉の入っ

たクレープとしてよく知られている。

「ええ！　そんな高級料理を？　すごいね！」

「高級？　日本では、ガレットが高級って思われているの？」

ヴァージニーは訝《いぶか》しげな表情を浮かべた。

「おしゃれなイメージがあるけど。ふだんは、なかなか食べる機会がないかな」

「おもしろい！　ガレットは、庶民の家庭料理なんだよ」

家でガレットなんて贅沢な！　と思ったが、ブルターニュ地方では、ふだんから家庭料理として親しまれているらしい。そば粉に、水、卵、塩を混ぜて生地を作る。焼き上げた生地に、サーモンや帆立などの魚介類、生ハムや鶏肉など、好きな具材を包んで食べるのだ。

庶民食の代表であるガレットが海を渡って東の島国にたどり着く間に、おしゃれな顔つきになってしまったのは、なんだかとても興味深い。もしかして、他のフランス料理も一概に高級と言えないのでは？　そう思うと、フランスが少し近づいてきた気がした。

ヴァージニーは、こんな見た目だけどナースらしい。レンヌには、赤髪に入れ墨のナースがよくいるのだろうか？　ヴァージニーの中指には、大きな蝶のモチーフの指輪が光っていた。こんなにお色気たっぷりのナースに担当されたら、どんな病も治ってしまいそうだ。いや、それとも恋の病を発症するか。

どこか浮世離れした雰囲気にハマッてしまい、台所での妙な妄想に入りかけたタイミングで玄関の扉が開いた。げげっ！　ボーイフレンドのジャックのお出ましだ。僕は我に返り、伸びた鼻の下を大急ぎで巻き戻した。

フランス人男性と聞いて、どんな人物を想像するだろうか。すぐに浮かぶのは、アラン・ドロン、ジャン・レノ、それからサッカー選手のジダンあたりか。いずれにしてもスーツが似合う上品なイメージだ。

だが、登場した彼氏は、真逆だった。僕の背すじは凍りついた。ダボッとしたシルエットのTシャツに太めのデニム、ツバがスケートボードのランプくらい曲がったキャップ。といってもここまではなんてことない。問題は、指先から首元まで全身に入った禍々しい大量の入れ墨だ。こ、こ、こ、怖い！　怖すぎる！

「Hi, I'm Masaya. And so sorry, ちょっとおじゃましてます……」

初対面の挨拶で謝罪から入ったのは、この旅初めてじゃないだろうか。僕は、借りてきた猫のようになった。背中を丸めすぎて、猫より猫背だったと思う。

ジャックの職業は、彫り師だった。タトゥーアーティストでもある。どうりで全身入れ墨だらけなわけだ。僕は、ジャックとの距離を縮めるために軽いジョークのつもりで聞いてみた。

「あのですね、そのたくさんの入れ墨って、まさか、自分で入れたわけじゃないですよね?」

　ところが、である。ジャックは、少しニヤッとしてから真顔で答えた。

「この左手の甲と指は、自分で彫ったよ。めちゃくちゃ気持ちよかったぜ」

　冗談じゃない。ヴァージニーは爆笑していたが、僕はつられたヒキ笑いしかできなかった。ジョークなのか、本当なのか、ギリギリのラインだ。でも、たぶん本当だろう。口角がピクピクしてしまった。

　ヴァージニーは、レンヌ生まれレンヌ育ちのレンヌっ娘《こ》だ。一方、ジャックは、南アフリカ共和国のヨハネスブルグ出身だった。国籍は、もちろん南アフリカ共和国。親の仕事の都合で、10代の頃にフランスに越してきたらしい。

「ヨハネスブルグって、世界で一番治安が悪い街って聞いたことがあるんだけど、本当なの?」

「お世辞にも治安がいいとは言えないな。と言っても、俺みたいなナイスガイも多いから、評判ほどじゃないと思うぜ」

　ジャックは太い二の腕を広げて、入れ墨をアピールした。またしても、ヴァージニーは爆笑していたが、僕は再びつられたヒキ笑いしかできなかった。こんな出会い方じゃなかったら、ジャックとはとても知り合えなかった気がする。登場こそ真顔でイカツかったものの、食卓をめぐる旅路の話をすると、すぐに気さくに話してくれるようになっ

た。街ですれ違っても、絶対に目を合わさないだろうけど。

キッチハイクの旅は、人と会って暮らしのど真ん中に飛び込む旅だ。ひとりひとりにとびきりの個性があって、知れば知るほど、いったい何が普通なのか、逆にどんどんわからなくなる。人と深く関われば関わるほど、国、文化といった、大きな枠組みで語ることができなくなるのだ。


おフランスが近づいてきた！


ヴァージニーが颯爽《さっそう》と取り出したのは、長ネギだった。え？ ガレットにネギ？ 想像とだいぶ違う。食べ合わせは大丈夫なのか。輪切りにした長ネギと新鮮なサーモンの角切り、それからたっぷりのホワイトソースを大鍋に入れて、塩胡椒で味を調える。火が通ってくると、ネギがだんだんしんなりしてきて、ホワイトソースになじんだ。

温めたフライパンに生地の素を流し込んで、薄く伸ばす。するとすぐに見覚えのあるクレープ状になった。

こうして作る過程を見ると、確かにあまり高級には見えない。好きな具材を入れる庶民の粉もの料理か。おや？ これって、もしかして、日本で言うところのお好み焼きでは？

「はい、でき上がり。今日も完璧にできたわ。さすが、わたしたちね」

ヴァージニーもジャックもご満悦の仕上がりである。トップにのった焼き帆立がプルプルと輝いている。

「すっごくおいしそうだ！　丸い生地は、具を包むときに四角くするんだね」

「そう。それがガレットよ。見た目にもきれいでしょう？」

まずは、ブルゴーニュ産の赤ワインで乾杯をした。具材を包んで、ひと口大にカットしたガレットを口に運ぶ。フワフワの生地からは、ほのかに蕎麦《そば》の薫りがした。ホワイトソースとからみあったサーモンとネギ。口いっぱいに広がる旨み。……う、う、う、うまい！　食べ合わせの妙が半端ではない。それぞれの具材が味を主張しながら引き立てあうのがよくわかる。それになんだかほんわかとして温かいのだ。小学生の頃、土曜日にお母さんが作ってくれたお昼ごはんのような。ガレットがフランス家庭料理のど真ん中にあることがよくわかった。

「……めちゃくちゃおいしい！　それに、おいしいだけじゃなくて、優しい味がする！」

「そうだろ？　俺たちみたいに優しいんだよ。料理には人柄が出るからな」

「ふたりとも本当に料理上手だね。予想以上だよ！」

「予想以上？　どんな予想をしてたんだ？　ていうか、人を見た目で判断しちゃダメだろ」

ジャックは大笑いしていた。僕は迂闊《うかつ》な発言をごまかすように「C'est bon!（おいしい！）」を連呼した。

謎のお酒で記憶喪失

上機嫌になったジャックが、古めかしい瓶をもってきた。ブランデーボトルのような形をしているが、液体の色がいささか妙だ。緑色なのである。

「マサヤ、食後に酒を飲もう。アブサンだ」

「アブサン？」

「知らないか。まぁ、飲んでみろよ。いい夢、見れるぜ」

「そ、そうかな？」

恐る恐るあおる。ひと口でグイッと一気に飲み干した。う……に、に、苦い！　それどころか喉が灼ける！　ゆっくり鼻から息を吸うと、鼻孔から深い草の薫りが抜けていった。頭蓋骨《ずがいこつ》の中が白い靄《もや》で満たされるような味わったことのない不思議な感覚になる。

「……これ、すごいね……なんなの？」

「よもぎの薬酒だよ。クセになるだろ？」

アブサンは、ニガヨモギという植物から作られるお酒だ。アルジェリア紛争に従軍したフランス兵が、熱病予防のために飲んだことがフランスで広まったきっかけらしい。

ニガヨモギには、向精神作用がある。19世紀にはアブサン中毒者が続出して、1915年に製造禁止になったほどだ。ゴッホや太宰治《だざいおさむ》など、愛飲する芸術家も多くいたらしい。「緑の魔酒」「飲むマリファナ」なんて呼ばれるのもよくわかる。

タトゥーだらけの太い右腕を掲げて、緑色の液体を流しこむジャックは、魔物のようだった。気づくと外は真っ暗で、まるで洞窟に迷い込んだようになった。次の瞬間、体が熱くなって、脳震盪《のうしんとう》のように頭がグラッとした。この夜、僕の記憶はここまでだ。ヴァージニー曰く、ジャックと僕は、そのままアブサンや赤ワインを飲み続け、しまいには崩れ落ちるようにソファで寝てしまったらしい。起き抜けのあくびからは、微かにヨモギの匂いがした。

フランスは、僕の知っているフランスではなかった。勝手なイメージを持って壁を作ったのは、自分の方だと気づかされる。

次の日、僕はスマホでフランスの食の歴史を調べてみた。どうやら多くのフランス人の祖先であるガリア・ゲルマン・ケルト民族は、とても大食いだったらしい。社交的で快楽主義者、仲間と一緒に食卓を囲むことが大好きな人たちだ。フランス革命後、宮廷の職を失ったお抱えの料理人たちが、街角で小さなレストランを始めたことが洗練された食文化の始まりらしい。

ミシュランのような格付けを僕は好まない。顔も名前も明かさずに、料理を作った人と話もせずに、料理に星をつけるなんて、本当にナンセンスだ。時代遅れでもある。ミシュランという発明がフランスの料理と食文化の価値を押し上げたことは確かだ。でも、その一方でありもしない壁を作ってしまった気もする。料理を作る人と食べる人の距離は、近い方が幸せだ。少なくとも、僕はそう思う。

Column

La Paz

ラパス／ボリビア

エリザとジェイミーさんの家

Today's Menu

チャイロ・パセーニョ、キヌアのケーキとサルサソース

首都ラパスは、すり鉢状の街。底、つまり中心に近づくほど裕福な層が住んでいます。今回訪れたのは、そんな街の底にそびえ立つ高層マンションの屋上ペントハウスに暮らす老夫婦。ルーフテラスから拝めるのは、数えきれない暖色の灯りが瞬くラパスの夜景。幻想的すぎて眼を見開くばかりです。

品の良いお手伝いさんが運んでくる伝統的なスープ、チャイロ・パセーニョ。浅いボウルで食べるのは、冷める前に食べきって、おかわりをするため。これぞ、生活の知恵。煮込まれたトウモロコシ、豆、ジャガイモとともに、体に染み渡ります。あぁ、標高3,700m越えの食卓でいただくごはんの、なんと味わい深いこと。

●家族／妻（64歳）、夫（67歳）
●住まい／17階建高層マンション屋上3LDKペントハウス
　ルーフテラス付き
●得意料理／ロクロ（ボリビア風リゾット）
●コメント／高山病にはならなかった？
　コカティーかキャンディを試してごらん。

Cusco
クスコ／ペルー

ミゲル親子の食卓

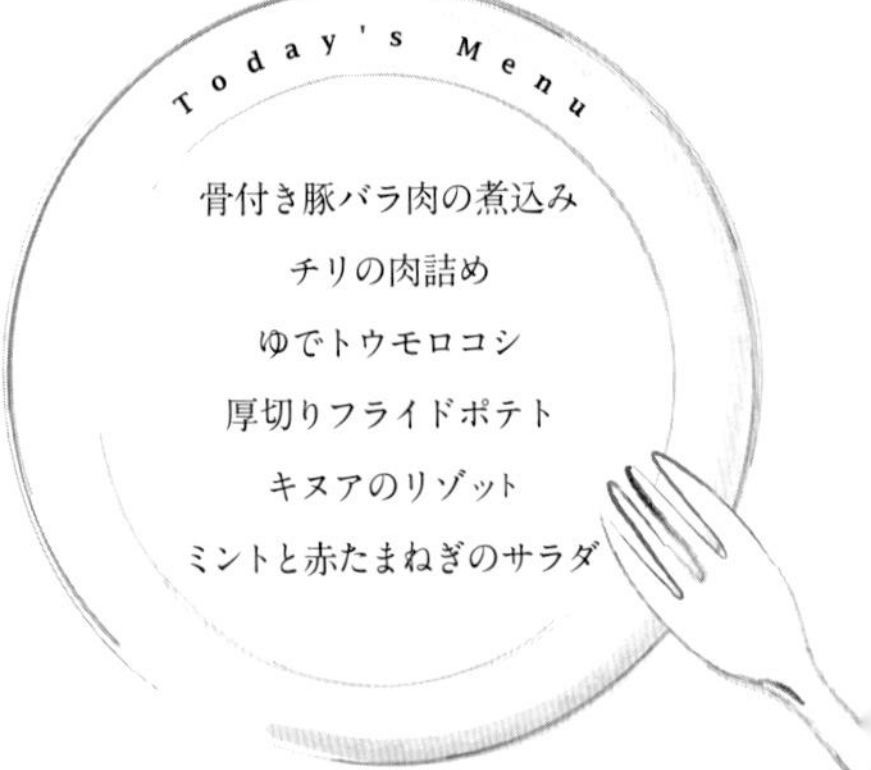

家族
ミゲル（33歳）・母（55歳）

ミゲルとは、地元市場の門の前で待ち合わせをした。お母さんと一緒に来るとのことだったが、南米人は、どうも時間に大らかそうである。どれくらい遅れてくるのか？　遅刻上等！　よし、最悪1時間は待とう！　そう、心に決めていた。ところが、予想に反して、2人は約束どおり11時ぴったりに現れた。ミゲルは背後の市場を親指で差して、軽快な口調で語った。

「クスコの市場は初めて？　案内してあげるから、はぐれないようについてきて！」

　フランクで陽気な人のようだ。いわゆる南米のノリが直球で飛んできた気がして嬉しくなった。僕は、「ＯＫ！」と答えてカメラを持ち上げる仕草をした。

　すると、である。ミゲルは満面の笑みで左目を軽く瞑って、見事なウインクをかましてくるではないか！　え？　ウ、ウ、ウインク⁉　ウインクの相づちなんて、この旅、初めて、いや人生で初めてだ！　ミゲルは、ウキウキ弾みながら市場に入っていく。ペルーのキッチハイクは始まった。

　市場の門をくぐってから、ミゲルと握手を交わした。手が分厚くて温かい。ペルーの男の手は、皆こんな感じなのかな、と思った。ミゲルは、ピシッとアイロンのかかった黒シャツ、ネイビーのダウンベスト、細身のブラックデニムに、ニコンの一眼レフをぶら下げている。う〜ん、オシャレだ！　口ヒゲとあごヒゲも無精のように見えて、しっかり整えられている。清潔感と野性味のバランスがばっちりだ。加えて、彫りの深いこの顔である。なんとも様になっていた。

　市場の中は、ひと言で言ってしまうと、地味だった。アブラハムと一緒に買い出ししたメキシコシティの市場と違って、色がまったく薄い。ブリキやトタンの一枚板で簡単に組み立てた小さな露店がたくさん並んでいる。野菜、肉、果物、調味料、日用雑貨、何でもござれという商店街のようだ。特に野菜は、高地の空気と同じく色が薄かった。

空気までカラリと乾いて、市場全体がくすんで見える。そうだ、ここクスコは、3400m超えの高地なのだ。驚かされたのは、ジャガイモの種類と量だ。

「ずいぶんたくさんジャガイモがあるんですね！」

「クスコでは、たくさん食べるのよ。ペルーやチリの高地は、昔からジャガイモが主食だから」

お母さんが教えてくれた。ふむふむ言いながら感心していると、ミゲルも意気揚々と会話に参加してきた。

「Hey, マサヤ、ペルーには、どれくらいの種類のジャガイモがあると思う？」

「う〜ん。これだけジャガイモ屋さんがあるということは、50種類くらいかな？」

当てずっぽうに答えてみた。するとミゲルは、にやっと口角を上げて、こう言った。

「残念。そんなに少なくないよ。ざっと3000種類はある」

なぬ！　ジャガイモの種類が3000⁉　ちょっと多すぎやしないか？　いったい、どんなジャガイモがあるんだ？　信じられないよ、と驚く僕を見て、ミゲルはやけに嬉しそうだった。そして、再び鋭いウインクを放り込んでくるのだった。

買い物の途中であることに気がついた。売り子のおばちゃんのファッションの雰囲気が皆、同じなのだ。長い黒髪を三つ編みのおさげにして、帽子をかぶっている。おさげは、ひとつにまとめるスタイルと、ふたつに分けるスタイルがあった。帽子のタイプは、

デニムの丸いマウンテンハット、白い縦長のシルクハット、ヌバック地のストローハットなど色も形もさまざまだ。そして、なぜかどのおばちゃんも、しかめっ面でぶっきらぼうだった。

緑色の割烹着《かっぽうぎ》や粗く編まれたピンクのニットカーディガンを羽織り、傘のように大きくふくらんだスカートを穿いている。なんだかとてもかわいらしい。誰一人として同じものを身につけていないが、まとう雰囲気は同じである。おばちゃんを何人見ても、飽きることがなかった。このままファッション誌に登場してほしい！　気づけば、僕はすっかりファンになっていた。とは言え、おばちゃんたちは、いつまでも愛想が悪かった。

親子クッキング、スタート！

買い出しを終えて、ミゲルの家に到着した。古めかしい5階建てマンションの1階だ。3LDKの家に今は2人で暮らしているらしい。

「お腹が減って死にそうだ。早く料理を作ろう！」

ミゲルが笑いながら言う。お母さんも腹ペコの様子だ。なるほど、絆を深めるために空腹を共有するのも、おもしろいなと思った。つらいことや苦労を分かち合うのは、人間関係を育む上でとても大切なのだ。そんなことを思うと、空腹も気分よく味わえるようだった。急に自分とミゲルやお母さんたちとの距離が縮まった気がして、嬉しくなった。

この気持ちを伝えようと、2人を追いかけてキッチンへ入る。すると、2人は材料を並べながら、なんとポテトチップスを食べていた。おいおい！　空腹をともにするんじゃないのかよ！　やっぱり空腹よりも一緒に食べる方がいいなと思い直して、僕もボリボリとポテトチップスを頬ばった。ジャガイモが新鮮だからなのか、お腹が空いていたからなのか、このポテトチップスはとにかくうまかった。

「せっかくクスコの我が家まで来てくれたんだから、いっぱい作っちゃうよ！」

エプロンを着けたお母さんが張り切っている。今日は、3品も作ってくれるらしい。まずは1品目、大きめにカットされた骨付き豚バラ肉の塊を、20粒ほどのニンニクと一緒に寸胴鍋《ずんどうなべ》へ放り込む。次いで、新鮮なミントとスライスした赤たまねぎを入れて、煮込む。肉塊は大きければ大きいほど、ゾクゾクとするのはなぜだろう。

2品目は、豚挽き肉の炒めものだ。みじん切りにした赤たまねぎ、トウモロコシ、青々としたグリーンピース、スパイスを数種、それから赤いソース。辛いのか、甘いのか、聞く間も与えないほどの速さで手際よく準備していく。今度は、ミゲルもキッチンに立った。ポテトチップスを食べ終わって満足したのか、ここからは俺の出番！　とばかりだ。フライパンで挽き肉を炒め始めた。

「ミゲルも料理するんだ？」

そう聞くと、ミゲルは、半身で振り返って、またしても笑顔でウインクをした。え？　イエスってこと？　顔の表情を崩さずに、左目だけ器用にパチッとやるもんだから、本当に驚いた。長らく鍛錬されたに違いないウインクに感心してしまった。

「この挽き肉をチリに詰めるのさ。それから山羊《やぎ》の乳で作ったチーズをのせて、オーブンで焼くんだ」

挽き肉が詰まると、チリはパンパンにふくらんで、丸々と肥えた豚のようになった。ミゲルの手は分厚くてゴツゴツしていたが、料理の作業は驚くほど丁寧で繊細だ。得意気に料理を語るミゲルは、とても嬉しそうに見える。お、そろそろウインクが飛んできそうだぞ!?　僕は身構えた。うんうん、とうなずきながらミゲルと数秒の間、目を合わせてみる。が、ウインクは飛んでこなかった。どうやら期待するとウインクは登場しないらしい。ミゲルのウインクワールドに、僕はすっかり惑わされていた。

最後の1品は、キヌアのリゾットだ。よく研いだキヌアの水分を切って、オリーブオイルで軽く炒める。その後、スープを入れた鍋でじっくりと炊く。恥ずかしながら、僕はキヌアのことを知らなかった。

「お母さん、この小さい粒々は何ですか？」

「キヌアよ。え？　キヌアを知らないの!?　なんて不幸な！　あぁ、かわいそうなマサヤ」

あわれむようにお母さんが言う。ミゲルも、食べる旅をしているくせにキヌアを知らないなんてお前にはがっかりだよ、と言わんばかりに引いていた。もちろんウインクは飛んでこない。脳みそをフル回転させて記憶を呼び起こしたが、キヌア情報は、僕の料理辞書に何ひとつ載っていなかった。ただ、まったく知らないのもキッチハイカーの沽《こ》券《けん》に関わると思い、全力で知ったかぶりをした。

「ああ！　キヌアね！　〝キヌア〟って言うんだね。もちろん知ってるよ！　日本では〝キュニューア〟だから発音がちょっと違うし、パッケージも全然違うから、わからなかったね！　おいしいよね！」

「へぇ！　日本でも手に入るんだね」

「もちろん！……で、キヌアってなんだっけ？」

できるかぎり、さりげなく聞いてみたつもりだったが、かなり不自然だったのだろう。お母さんが懇切丁寧に教えてくれた。

「キヌアはペルーやボリビアの日常食よ。よく覚えておいて。アミノ酸たっぷりで体にいいの。食物繊維、カルシウム、ミネラルも豊富。グルテンフリーだから、アレルギーのある人にも好まれているのよ。これでＯＫ？」

聞くは一時《いっとき》の恥、聞かぬは一生の恥。旅の恥はかき捨て、さらに言うなれば、百聞は一見に如《し》かず、見る以上に食べる方が早い。いったい「キヌア」が何なのか、もう一生忘れないだろう。

ウインク男・ミゲルの来し方行く末

ついに料理が完成！　まずはサラダから。ミントの芳香と赤たまねぎの瑞々しさが口いっぱいに広がる。ハッと目が醒《さ》めるようなすっきりとした新鮮な味だ。こ、こ、これはうまい！

「このサラダは、ペルーでよく食べる組み合わせなの。サンドイッチに入れたり、肉と一緒に煮込んだり。マサヤが好きになってくれて嬉しいね！」

次いで口にしたのは、骨付き豚バラ肉の煮込み。じっくり煮込まれただけあって歯を当てるだけでほどける。塩とミントと赤たまねぎとニンニクのみというシンプルな味つけだけに、味はとても素朴だ。それでも、余りある肉の豊潤な旨みと、後から鼻に抜けるミントの芳香がたまらない。肉塊にかぶりついた後は、骨の髄までベロベロとしゃぶりついてしまった。もう、こうなったら止まらない。チリの肉詰めに手を伸ばした。

「何色が一番辛いと思う？　好きなのを試してごらん」

ミゲルがいたずらっぽく言う。僕は、迷わず青いチリを選んだ。口を大きく開けて、まるまると太ったチリにガブッとかぶりつく。辛い食べ物の類《たぐい》は、たいてい口に放り込んだ後、やや遅れて辛さが追いかけてくることが多い。ただ今回は話が違った。味と辛さがほぼ同時、いやむしろ、辛さが先行して舌の上を走り回るではないか。

ヒエ〜！　脳にガツンと来る！　舌が麻痺《まひ》して腫《は》れ上がるようだ！　舌を根元から切り取って、窓から放り投げてやりたい！　こめかみに青スジを立てて、ヒーヒー言うと、ミゲルがペルーの瓶ビールを持ってきてくれた。クスコ発祥の人気ブランド「CUSQUEÑA」（クスケーニャ）だ。瓶ごとグビグビとあおり、暴れまわる舌を冷ました。

晩餐も進むと、ミゲルが唐突な話題を放り込んできた。

「実は、日本人の女の子とつき合っていたことがあるんだ」

なるほど、さすが色男のミゲルである。

「数年前のことさ。彼女は、クスコにスペイン語を勉強しに来ていてね。それで恋に落ちたというわけさ。この家に一緒に住んでいた時期もあるんだ。何度もアツい夜を過ごしたね」

親の前でそれを言うか？　と思ったが、お母さんも横でワハハと談笑している。このあたりがやっぱり南米気質なんだろうか。

「ミゲルは、ずっとクスコに住んでいるの？」

「クスコで生まれ育ったけど、学生時代はリマで過ごしたよ。毎週末クラブに行って、友達と騒いでいたね。シティは最高さ。もう一度、リマに住みたいよ」

どうりで洗練されているわけである。ミゲルは、饒舌《じょうぜつ》にこう付け加えた。

「リマの女の子はかわいいし、セクシーだからね！」

そう言うと、今日一番のウインクを放り込んできた。優しくて、オシャレで、料理も上手、これ以上ないペルーの色男代表だ。

ミゲルはこれからどんな女性に出会って、どんな人生を送るんだろう？　そして、あと何百回、何万回のウインクを飛ばすんだろう？　ふと、そんなことを思った。

London
ロンドン／イギリス

スーザンとリントン夫妻の食卓

家族
スーザン（67歳）・リントン（70歳）・
下宿中の大学院生（26歳）

「イギリスのごはんは、まずい」

これは、嘘《うそ》か？　真実か？　いつ、誰が、言い出したのかは、知らない。長らく、まずい、と言われてきたが、最近はそうでもない、という話も聞く。しかし、その真偽はどうなんだろう。いずれにしても、とんだ風評被害じゃない？　イギリス人は、もっと怒っていいと思う。

僕は、疑り深い性格だ。実際に、自分の目で見て、嗅いで、触って、食べてみないと納得がいかない。「書を捨てよ、町へ出よう」。かの寺山修司だって、そう言っている。五感をブリブリ発揮して、この全身で感じたいのだ。

根拠のない情報があふれる時代だ。〝それっぽい〟情報こそ、一度疑ってみる価値がある。斜《しゃ》に構えたっていいじゃないか。むしろ、地球の地軸が傾いていることを考えると、23・4度だけ斜に構えた方が、世界とまっすぐ対峙《たいじ》できるんじゃなかろうか。ロンドン・ヒースロー空港に降り立ったひねくれキッチハイカーは、ひとつの仮説を立ててみた。

「イギリスの料理は、実は、おいしい」

さぁ、仮説検証を始めよう。書を捨てて、町へ出た後は、人の家におじゃまして、ごはんをいただこう。

バッテリーの切れたスマホほど無用なものはない。現在地と目的地が、一瞬にしてわからなくなった。バルセロナでiPhoneをなくした後、ロンドンの秋葉原と呼ばれるトッテナムコートロードでGALAXYを買ったのは良いが、中古ゆえ、すぐにバッテリーが切れる。どうやって今回の家までたどり着けばいいんだろう。

僕は、シドカップという郊外の街にいた。ロンドン中心部から、列車に乗って30分ほどの住宅街だ。

大きめの一軒家が立ち並ぶ住宅街には、まったりとした空気が流れていた。きれいに整備された道を有閑マダムがどでかいゴールデン・レトリバーを散歩させている。「Hi!」なんて、軽く挨拶をすると、マダムも犬も目尻をたらして、ニコッと笑ってくれる。あぁ、なんてのどかなんだ。目的地の住所をメモし忘れ、Google Map頼りに来てしまったことを後悔しても、もう遅い。どうやら書（メモ）を捨てて、町へ出ると、残念なことになるらしい。

通りの角にある公園の前に立ち、どっちに曲がるか悩んでいた。すると、ひとりのおばあちゃんが視界に入った。そして、僕目がけてまっすぐ小走りに突進してきた。すごいスピードだ。銀色の髪をさらさらっとなびかせたおばあちゃんは、立ちすくむ僕の両腕を抱えて、上目づかいでこう言った。老眼鏡越しの瞳が碧《あお》い。

「マサヤでしょ？　スーザンよ。迎えに来たの」

とりあえず、ひと安心だ。いや、それ以上に驚いた。小走りのスピードがあまりにも速かったからだ。フェザー級ボクサーのランニングフォームのような軽快な走り方だった。出会って早々、新たな仮説検証のテーマが浮き彫りになってしまった。

「イギリスのおばあちゃんは、小走りが速い」（いや、本当か？）

スーザンは、家に着いてからも、歳《とし》をまったく感じさせない素早い動きで案内してく

れた。

「さぁさぁ、早く入って。今日は暑いわね。何日も晴れの日が続くロンドンは珍しいわ。マサヤは、ラッキーボーイね！」

家の中は、おもちゃ箱のようだった。置き時計、木製のエレクトーン、自転車のフォルムをした植木鉢、ビー玉やボードゲーム、フォルクスワーゲンのエッグカップ、ステンドグラス。愛らしいアイテムが家中に飾られている。

おばあちゃんとは、モノや布を重ねるのが好きな生き物だと思う。それは、日本もイギリスも変わらない。棚の上に大きな柄モノの布を敷く。その上に小さくシンプルな布を敷く。さらには、木製のコースターを置く。そしてようやくモノを飾る。一事が万事、そんなルールだ。

年季の入ったソファの背もたれに、古布をパッチワークしたブランケットが掛かっていた。もう何十年もそこにあるようだ。不規則、多層、経年美。僕は、スーザンのインテリアルールを勝手に定義した。一見、ごちゃごちゃして見えるのだが全体のまとまりがある。あぁ……なぜか、落ち着く。田舎のおばあちゃんの家に来た気分になった。気づくと僕は、ソファに沈み込んで座り、脚を伸ばしてくつろいでいた。

スーザンの旦那、リントンが2階の書斎から降りてきた。背の高い痩身と鋭い目つきが特徴だ。現在、2人は近くの教会でミサの手伝いをしているらしい。プロテスタント教派の中でも、キリスト教の信仰覚醒運動の中核をなすメソジストの信者とのことだった。

年配の方への第一印象は、特に大事だ。若者らしく「Hi!」と元気よくリントンと握手をした。いつも以上に敬意を払ったつもりだった。

が、リントンは弱々しく手を握り返しただけで、何も言わず、笑顔も見せない。それどころか、すぐにぷいっと部屋を出て行ってしまった。

あ、なにかまずかったかな……僕は自分の身なりと身振りを確認した。カタブツの厳しい人なのかもしれない。絵に描いた優しいおばあちゃんのスーザンとは対照的な頑固者のじいさんに違いない。これがブリティッシュ・スタイルなのか。

僕は、なかなかイギリスっぽさをつかめないでいた。15秒ほどすると、リントンが戻ってきた。なぜか、A4の白い紙を持っている。

ん？　なんだろう？　紙には、「Lynton」と書いてある。

「リントン」

リントンは、太マジックで書かれた文字を読み上げた。うぇ？　自己紹介ってこと？　戸惑って、リアクションに困っていると、スーザンが、「アルファベットで書くと、こうなのよ」と言って、ケラケラ笑い出した。

これが、イギリス紳士っぽい芸風なんだろうか？　コミュニケーション難度が高い！　眉間に皺を寄せた真顔で、ウイットに富んだことを言う。英語が堪能ではない自分には、正直難しい！　リントンは、堰《せき》を切ったように、早口のイギリス英語で饒舌に語り出した。

僕は、さもイングリッシュウイットを理解したフリをして、スーザンが笑うタイミングに合わせて笑うのだった。

まずさ界のスーパースター登場

晩ごはんの準備を始めるというので、早速、仮説検証のジャブを打ってみることにした。

「ねぇ、リントン。イギリスの食べ物は、おいしくないって聞くけど、それは本当？」

「スーザンの料理を食べてみれば、わかるさ」

またしてもリントンは真顔だ。いったい、どっちの意味なんだ。

「おい、マサヤ。ハギスは、知っているか？」

……来た！　ハギスだ！　僕は、思わず喜んだ。予習した甲斐があった。ハギスは、まずいイギリス料理の代表格だ。イギリスのまずさを語る上では外せない、まずさ界のスーパースターなのだ。

「なるほど。その顔は、知っているな」

僕の眉毛は自然とハの字になった。リントンは、勘まで鋭い。

「ハギスは、イギリス料理じゃなくて、スコットランド料理だ」

「わたしもリントンもスコットランド出身なのよ。本物のハギスを食べさせてあげるわ」

なるほど、これは楽しみである。ハギスをひと言で言うと、ヒツジの肉と心臓、肝臓、肺など内臓の詰めものだ。オートミール、たまねぎ、ハーブ、スパイスと一緒にミンチして、ヒツジの胃袋に詰める。いわばソーセージの一種だ。聞いただけで強烈な臭みが漂ってくる。スモーキーなシングルモルトウイスキーと一緒に楽しむのが通らしい。おぉ、鼻がひん曲がりそうだ！

「これが、ハギスよ。丸々と太っていてカワイイでしょ。フフ」

スーザンは、冷蔵庫から拳《こぶし》大の塊を取り出した。膜で包まれたミンチには、ところどころに血の塊が見え隠れする。ぐえ……。内臓系の食べ物は好きな方だが、パッと見たところ、お世辞にもおいしそうには見えない。が、今日は食べさせてもらう身である。思わず、社交辞令が飛び出してしまった。

「意外に、おいしそうですね」

「え？……本当にそう思ってるの？」

　僕は、顔に出やすいタイプらしい。スーザンは、キョトンとした。時に表情は、言葉よりも、饒舌だ。まずいものを食べておいしい顔はできないし、おいしいものを食べてまずい顔はできない。人間の舌と胃袋は、嘘をつけないのだ。

「こんなに正直な嘘つきはいないわ」

　スーザンは、心にもないことを言う東洋人の若者がおかしくてしょうがなかったらしい。怪訝《けげん》な顔から一転、笑い転げていた。

「ヴーン……」という音とともに、オーブンがすぐに熱くなった。まんまるに太ったハギスがチリチリと熱されていく。

（まずくない、まずくない、まずくない……）

　念仏のようにくり返す。「まずい」という先入観をどうにか排除したかったからだ。が、よく考えると、まずくないと思っている時点ですでに相当毒されているではないか。

（ハギス、ハギス、ハギス……）

　今度は、とりあえず料理名を連呼してみた。真っ赤に光るオーブンのヴーンという音とあいまって、頭の中がぼんやりとしてくる。すぐに「ハギス」という言葉が脳内で崩壊を起こし、なにがなんだかわからなくなった。先入観や偏見を取り除くのは、本当に大変だ。

ガリレオ・ガリレイ級の発見!?

テーブルの上にずらりと大皿が並ぶ。飴色のたまねぎと少し焦げついたソーセージ、ふわふわのマッシュポテト、新鮮さが伝わってくるキャベツのサラダ、焼色が見事なアップルシナモンケーキ。そして、噂のハギスである。

おや？　普通においしそうではないか！　今まで食べてきた国の料理と比べると、色が地味なのは否めないが、若干焦げついたソーセージを差し引いても、充分おいしそうに見える。

「これがスコティッシュ・プレートよ。さぁ、念願のハギスをどうぞ」

ヒツジの胃袋を破ってカリカリのミンチが飛び出している。いっさい媚《こ》びることのない我が物顔で存在を主張する。ドキドキしながらフォークで優しくすくいあげ、口へ運んだ。

ジャクジャク……プチプチ……

ジャクジャク……プチプチ……

慣れない歯ごたえが続く。見た目からは、脂っぽい印象を受けたのだが、全然しつこさはない。こんがりさっぱりとした味わいである。真っ赤なオーブンの中で余分な脂が落ちたようだ。今のところ、まったくもって臭みがない。やがて、ほんのりと獣風味が

口に広がり、ヒツジであることがわかってくる。噛むほどに滑らかになり、田舎らしい素朴で個性的なレバーペーストとなった。歯ごたえと複雑な雑味を存分に味わった後は、とろりと喉元を過ぎていく。

「……めちゃめちゃおいしいですよ！　これは想像以上！」

「今度は嘘じゃなさそうね」

スーザンがニコニコする一方で、リントンはあいかわらず真顔だった。でも、どこか嬉しそうに見えた。

仮説検証に成功した僕は、ホクホクしてロンドンの街を散策した。なんだ、イギリスの料理もやるじゃないか。残念な前評判は、きっと食文化が成熟していない時代、はるか昔に根づいてしまった都市伝説に違いない。新しい理論を発見した科学者の気分だ。どうも、キッチハイカーは、ガリレオ・ガリレイでもあるようだ。

「イギリス料理は、おいしいですよ、皆さん！」

声高に、そう叫びたい。僕は、祝杯をあげようと古めかしいパブに飛び込んだ。1パイントのエール・ビールとフィッシュ・アンド・チップスを注文すると、すぐにフィッシュ・アンド・チップスが運ばれてきた。

ん？　なんだか衣が分厚い？　巨大な穴子の天ぷらみたいだなと思った。一瞬、嫌な予感がしたものの、イギリス料理はおいしい！　と信じて疑わなくなった僕は、もうすっかりポジティブだった。ナイフとフォークで切り分け、タルタルソースをつけて、口へ運ぶ。

モシャモシャモシャモシャ……ん？　んん？　むむむ、これは本当に魚か？　無味でスカスカの白身を、これまた無味で分厚い衣が包む。ソースもだいぶ浅薄な味がする。そのわりには、必要以上に照り照りして脂っぽい。ひと口で胸焼けしてしまった。

僕は、そっとナイフとフォークを置いた。そして、エール・ビールで口の中を洗う。

上品なビールだけを飲み干し、パブを後にした僕は、証明した仮説に備考をつけ加えた。

「イギリスの料理は、実は、おいしい（ただし、家庭料理に限る）」

ロンドンのおいしい食べ物は、繁華街よりも住宅街にあるらしい。

イヴァンとバーバラの食卓にて

Column

Delhi

デリー／インド

ジョッキーさんの家

Today's Menu

羊の内臓肉と香草の創作炒め、茸と挽き肉のボロネーゼ、コーンとカブのスープ、サラダ、チャパティ

今回おじゃましたのは、日本人の奥様を持つジョッキーさん宅。名古屋の有名レストランでシェフとして働いていたと聞き、一層期待が高まります。流暢な日本語で繰り出される料理へのこだわりとアイデアの数々。キッチンから漂うオーラは、プロそのものです。ラム酒の瓶を見つけて「何の料理に使うの？」と聞くと、「これは飲む用のやつ」と笑顔で答えるお茶目な一面も。今日のメインは、羊の腎臓、肝臓、砂肝をナス、大根の葉、パクチーなどで炒めた北インド料理をベースにした創作料理。全粒粉のチャパティと一緒にお腹がパンパンになるまで食べました。これぞ、インドの料理史に残る逸品！

●家族／父（41歳）、母（36歳）、長女（10歳）
●住まい／ RC造マンション2LDK＋お祈り用の部屋
●得意料理／創作料理の数々
●コメント／夏は50℃。誰も外に出ないね！

Inverloch
インヴァロック／オーストラリア

マジョリーと両親の食卓

家族
マジョリー（56歳）・
父（85歳）・母（82歳）

人は、頻繁にものを「買う」。「買う」ことに慣れている。当たり前だけど、暮らすためには、いろんなものが必要だ。食材でも服でもなんでもいい。欲しいものがある時、まず「買う」という選択肢を思い浮かべる。でも、そうじゃない人たちがいるらしい。「作る」。自分で。自分たちで。そんな愉快な選択肢にたどり着くのが、オーストラリアの人々らしい。自分で作ったものには、愛着が生まれる。料理も然《しか》り。どこか不格好

INVERLOCH
COMMUNITY
Market
THIS
SUNDAY

で、仕上がりが甘かったとしても、逆にそれが愛《いと》おしくなる。家族や仲間と一緒に作ったものには、質うんぬんではない愛着が宿るのだ。

コワモテなファーマーズマーケット!?

両腕にびっしりと入れ墨が入った2人組の若者ににらまれた。ツバが曲がり跳ね上がったキャップから、鋭い眼光を帯びた青い瞳がのぞく。視線をそらさず、じーっと見てくるのだ。え? 僕? 僕のこと、見てるの? なめんじゃねえぞ、と言わんばかりの風貌に尻込みした。どうやら彼らは、僕をターゲットに定めたらしい。2人がジリジリと歩み寄ってくる。なにするつもりなんだ? う、う、怖い! 恐ろしい! すると、2人は急に弾《はじ》けるような笑顔を作って、話しかけてきた。

「俺らの作ったハチミツ、最高だからさ! ちょっと試しになめてみてよ!」

僕はマジョリーと一緒にファーマーズマーケットを訪れていた。マジョリーは僕がいきなり送ったメールをおもしろがってくれ、「田舎でよければ是非いらっしゃい」と招いてくれたのだった。

今朝は早速、寝ぼけ眼《まなこ》をこすりながら、朝イチの食材を物色しに来たのだ。すべてオーガニックで、どれも手塩にかけたことがわかる愛情たっぷりの逸品たちだ。フリーレンジ（野外で放し飼いした鶏）の卵、野菜、パン、ジャム、バター、チーズ、地ワイン、ビール……。

全身入れ墨の2人組は、ハチミツ売りだった。なめんなよ？　と言わんばかりの攻撃力ある格好だが、扱う商材がたっぷりとなめ甲斐のあるハチミツだったとは……。ライブハウスで朝まで暴れそうな夜型然とした2人が、ハチミツのために早起きをしたと思うと、妙に笑いがこみあげた。

お店の人は皆ごきげんで、店員というより、まるで古くからの友人のように話しかけてくる。

「やぁ、元気かい？」

「今日のは、特別いい卵さ」

「今朝仕上がったジャムよ」

「目覚ましにビールはどうだい？」

一事が万事、こんな感じのやりとりだ。早朝であることを差し引いても、こんなに清々しい挨拶は久しぶりだ。

「皆、マジョリーのことを知っているんだね。有名人だ！」

マジョリーは、フフッと微笑んだ後、こう答えた。

「Everyone knows everyone.（みんなお互いのことを知っているのよ）」

ここインヴァロックは、今まで訪ねたどこことも違う、不思議な場所だ。こだわったものの作りをしている人たちが、自信を持って自分由来のアイテムを売る。本当に楽しそうで、そして幸せそうなのだ。「自分たちの手で何かを作る」。手作りすること、分け合うことの幸せを知っている人たちの共同体のように見えた。会社員時代の僕が今までのぞいたことのない世界。自分がこれまでいたところとは、別の世界に来た感覚を覚えた。

国や場所の問題ではない。生きるレイヤーが違うのだ。日々の選択の優先順位が違う。仕事に追われる日々に終わりを告げて、旅に出てこちら側を見ることができたのは本当に幸運だ。

帰り際、入れ墨の若者と固い握手をした。そして、ハチミツをべろりとなめた。驚くほど濃厚で甘い。体中にしみ渡った。僕は、ようやく目が覚めた。

マジョリーの家は、モサモサと繁る緑に囲まれた木造の平屋だった。まずは、と家の裏へ案内されたが、そこには、石と材木で組み上げた露天風呂があった。なんと雄大な！　森の中に露天風呂があるなんて、まるで絵本の世界だ。

考えてみると、外からまる見えだが、そんなちっぽけなことは気にしないのだ。むしろ、屋根も塀もない場所で裸になって、森と、自然と、同期する開放感たるや！　雨水を貯めるタンクとシャワーもあり、ボイラー機能も申し分ない。

「星空を見ながら湯船に浸かるのは最高よ」

「……もしかして、マジョリーが作ったの？」

「そう。ご近所さんの友達とね。ふふふ」

目からウロコがボロボロ落ちる。インヴァロックの人たちは、なぜこんなになんでもかんでも作ってしまうのか！『ウォールデン　森の生活』を髣髴《ほうふつ》とさせた。作れるものは作る。近所に住む友人と協力する。分け合う。シンプルだけど、都会で暮らしていると忘れがちなことばかりだ。実践するマジョリーを見て、何度もハッとさせられた。人間不思議なもので、そんな人たちの近くにいると、だんだん自分も何か作れるんじゃないか、という気になってきた。

初めて味わうラム肉の悦び

「君がマサヤか？　ワインと肉を持ってきてやったぞ。一緒に楽しもう！」

マジョリーの両親も登場して、ディナーの準備が始まった。皺くちゃのじいちゃんは、ガハハハ！　と大声でよく笑う。80歳を超えていそうだが、だいぶ元気すぎる。180cmを超える長身で、エネルギッシュにノッシノッシと歩いた。

一方、おばあちゃんは、とても静かで厳かだった。ふっくらとした体つき、モフモフとしたニット・セーター、きれいな灰色の髪の毛。まるでヒツジを擬人化したかのようだった。

「どうだ！　こいつを見ろ！」

じいちゃんが取り出したのは、ラムの大きな脚肉だった。真っ赤っ赤な赤身がムチッとして、なんとも野性味の残る肉だ。

早速、オーブンにかけると、部屋いっぱいに独特な香りが充満した。ラム肉が「ヴェ～」と鳴いている。僕はチーズを肴《さかな》にして、じいちゃんと赤ワインをがぶがぶ飲んだ。

「そこのおふたり。ラムが焼き上がったわよ」

目の前の巨大なラム肉から漂う湯気が、ヒツジのモワモワした毛に見えた。ローズマリーの香ばしい匂いが鼻をくすぐる。今すぐにかぶりつきたい、頬ずりしたい、肉汁を頭からかぶりたい！　ここまで肉々しい肉は、日本を出てから86日目にして初めてだ。

僕は、遠慮なく一番大きなひと切れにかぶりついた。

う、う、ぐぬぬ……こんなにラム肉がしっとりしているなんて。そうか、本来この味なんだ。今まで食べてきたのは、なんだったんだろう？　肉を噛みしめるごとに、ラムの豊潤な味わいが全身にしみ渡る。何切れ食べたのか忘れてしまうほど、僕は飽きることなく食べ続けた。焦げてしまった肉片もあったが、もはやそれすらも愛くるしく思える。いびつな仕上がりに愛着を覚えた。

無言でむしゃぶりつく僕を見て、ヒツジのおばあちゃんはニコニコと、じいちゃんはオオカミのように大口でガハハハ、と笑った。家の中には時計がなく、宴《うたげ》が進むにつれ、時間感覚がなくなった。いま、世界は、ここだけなんじゃないか？　そう思うには充分だった。

食への姿勢が丁寧な人は、生活も美しく、豊かだ。丁寧すなわち完璧ということではない。どうすれば愛着のあるものに囲まれた生活ができるかを知っている。〝食生活〟とひと言で言うけれど、食こそ、生活そのものだと思う。マジョリーは、大切なことを口に出さない人だった。それでも言葉より伝わるものがあったと思う。

＊

オーストラリアは肉の王国だ。肉、肉、肉！　スーパーマーケットでも、街の食堂でも、とにかく肉が目に入る。文字通り〝肉欲〟をそそる国なのである。なんと、水よりも肉の方が安い。喉が渇いたら、水の代わりに肉汁でも飲み干そうかという気分になってくる。

僕は、ウルルのある土地にいた。ウルルとは、オーストラリア大陸の中心に鎮座するエアーズロックのことだ。眼前にたたずむ神聖な大岩の麓にあるスーパーで、今日の晩餐をどうするか考えていた。ウルルを聖地とするアボリジニの方々の食卓におじゃまできたら、それが理想だった。オーストラリアの歴史が凝縮された暮らしを垣間見ることができたに違いない。ただ、叶《かな》わない時はしょうがない。思いどおりにいかないことも旅の醍醐味だ。というわけで、今夜は自炊である。

肉売り場を物色した。牛肉を筆頭に豚肉、鶏肉、さまざまだ。が、そのほかにも奇妙な肉片たちがずらりと並ぶ。おやおや？ 視界に飛び込んできたのは、ワニ肉、ダチョウ肉、カンガルー肉……。

げげ！ 噂には聞いていたが、スーパーでも普通に売っているとは！ 未体験の肉がずらりと並ぶ違和感はすさまじい。おいしいのだろうか……？ 大味な気がしてならない。顔をしかめつつ、やはり好奇心が勝ってしまうのが、キッチハイカーの性《さが》というもの。さて、今日の晩餐をどれにするか。悩みに悩んだ結果、僕は一番赤々とした肉を手にとった。

「Camel mince」

そう。ラクダである。発泡スチロールのパッケージが破けそうなくらいみっちみちに挽き肉が詰まっている。ウルルの晩餐メニューは、キャメル・ミートソース・パスタに決まった。宿泊先のロッジに戻って早速、調理の準備に取りかかる。使い込まれた真っ黒なフライパンを熱して、５００ｇのミンチを颯爽とぶち込んだ。

すぐさまに「ジュウ！ ジュウ！ ジュウ‼」と香ばしい音が奏でられた。よくよく耳を傾けてみると、ラクダの鳴き声のようにも聞こえて、ちょっと怖い。

と、次の瞬間、すさまじい獣臭さが立ち込めた。こ、これは、ひどい！ がっつり臭

い！　野獣感がすごい！　モクモクとした煙にまぎれて、ラクダの化身《けしん》が現れそうである。ヒツジ100頭分を凝縮したような濃厚な獣臭さだ。このままでは、とても食べられたものではない。

大量の黒胡椒と塩を振りかけ、オーストラリア産の赤ワインをジャブジャブ注いだ。1時間近くかけて味と香りを調節して、ようやくなんとか食べられそうな状態になった。アルデンテのパスタを巻きつけ、一緒にパクリ。

「うっ……獣くせぇ……!!」

赤ワインの風味はたやすく吹き飛ばされ、獣神キャメルが降臨した。鼻腔の奥を、蹄《ひづめ》の音を響かせてパカパカ陽気に駆けめぐる。それでも僕は一心不乱に食べ続けた。この旅では、食べ物を残さないと出発時に決めたからだ。獣を体内に招き入れるにつれ、少しずつ自分が雄々しくなっていく気がした。

モグモグ食べながら、iPhoneで調べてみると、ラクダはすっとぼけた顔をしているが、動物の中でも相当にハイスペックな動物であることがわかった。

体長3m、体重500kg、体内には水をたっぷり蓄えることができる。聴覚が発達していて、砂嵐や吹雪を予知するらしい。嗅覚も鋭く、1マイル先にある水や草をかぎ当てることも可能だ。別名「砂漠の船」と呼ばれていることにも合点がいく。見直したぞ、ラクダ！　急に頼もしく思えてきて、一気に食べ終わってしまった。橙色《だいだいいろ》にたぎる三日月とウルルを眺めながら、滋養強壮の夜が更けていった。

翌朝、アボリジニに敬意を払いつつ、ウルルを登頂した。やけに足取りが軽い！　気のせいか？　自分の背中を触ってみたが、特にコブらしきものはない。そのかわり、お腹はまだぽっこりとふくれていた。ラクダは、胃袋の中で轟々と燃えていた。

Mendoza
メンドーサ／アルゼンチン

フェデリコと友人の食卓

家族
フェデリコ（34歳）・
アンドレア（34歳）・ビアンカ（33歳）

肉だ！　肉だ！　肉だ！

アンドレアが掲げる赤身の肉塊に、僕の眼はくぎづけになった。体躯《たいく》の良いアルゼンチン男が片手で大きな肉をぶら下げる姿はとても絵になる。

「今日のために用意したのさ！　何kgあると思う？　4kgだよ！」

ほどよくサシが入った赤身は、素人目《しろうとめ》にも新鮮なことがよくわかる。空腹の胃袋の前

に、垂涎《すいぜん》モノの肉だ。あぁ、じゅるり。思わず、濃いめの生ツバを飲み込んでしまった。たまらない〝肉欲〟が押し寄せてくるのだ。

アルゼンチンでは、「パリージャ」と呼ばれる焼肉が有名だ。味つけは粗塩のみ、炭火でじっくり時間をかけて焼く。牛と豚のランプ、リブ、バラ、内臓系、ソーセージなど、肉を隅々まで満喫することができる。首都ブエノスアイレス、巨大な滝があるイグアスのパリージャ専門店で何度も味わった。毎度のことだが、それはもう、思う存分に堪能した。食後は、完全に気絶できる。椅子に座ったまま、燃え尽きた炭のように、口をぽっかり開けて、肉の余韻に浸るのだ。

今回の舞台は、アルゼンチンでもっとも有名なワインの名産地、メンドーサだ。約束の住所に向かう途中、ゆうに20mを超える樹々がずらーっと並ぶ大通りに行きあたった。碧々と繁った枝葉が風に揺られ、ザワワと奏でる旋律に緊張がほぐれた。なるほど、この風でワインがおいしくなるわけだ。

おだやかに、かつ高揚した気分に包まれながら、目的の家に到着した。都市部ではなかなか見かけないかわいらしい平屋だ。約束したフェデリコは、この平屋のように優しい雰囲気の人なのかもしれない。この旅を通して、家と住む人は、似ていると思うようになった。

いよいよ初対面だ。うーん、この瞬間は、いつも心臓がバクバクする。何度経験しても本当に慣れない。考えてみると、そりゃそうだ。なぜなら毎回が初めての出会いなのだから。初めてがくり返される贅沢さよ！　ゆっくりとドアが開き、まぶしい笑顔の男性が現れた。青色の眼がキラキラしている。フェデリコだ。

「君がマサヤ？　よく来たね！　どうぞ、入って。2階に上がってもらえる？」

第一印象は、とても大事だ。特に言葉の通じない時はなおさらである。フェデリコは、人なつっこい笑顔で、とても悪い人には見えない。警戒心のない無邪気な笑顔にホッとした。

ここで、僕は大変なことに気づいた。なんと、フェデリコの鼻の穴からぴょこんと1本鼻毛が出ているのだ。鼻毛がカーブを描き、内に巻いている。うん、もう一度言うが、どう見ても悪い人ではない。僕の警戒心は、この笑顔と鼻毛によって、ゼロになった。

「こんにちは、コックのアンドレアです」

フェデリコの友人、アンドレアが台所から飛び出してきた。僕は、鼻毛の件でこらえていた笑いを会釈の笑みに昇華させた。フェデリコもアンドレアも英語をほとんど話さない。そして、僕もスペイン語がわからない。「おいしい」「こんにちは」「トイレどこ？」の3つとその合わせ技でどうにかここまでやってきた。そんな状態の3人だったが、すでに楽しく浮かれていた。

なぜなら、今日の主旨が肉だからだ。3人とも、どことなくにやにやしている。なんて愉快な初対面だろうか。肉は万国共通、宴《うたげ》の象徴。とりわけ肉の国アルゼンチンでは、なおさらだ！

とりあえず乾杯しよう、と、フェデリコはワインボトルを取り出した。え？　それは、いったいどういう瓶？　ワインボトルは、バスケットボールほどの大きさでまんまるに太った形をしていた。冗談じゃない、さすがワインの街だ！　赤ワインをグラスになみなみと注ぎ、杯《さかずき》を交わした。

よく晴れた土曜日の正午ぴったり、ホーム・パリージャ・パーティが始まった。

腹ペコ胃袋に食らわす肩ロース透かし

フェデリコは、ふだんジャーナリズムやカルチャー系の出版社で編集と執筆を担当している。嬉しそうに自分が編集した雑誌を見せてくれた。彼女のビアンカも到着して、ますますにぎやかなランチとなった。ビアンカはとても流暢な英語を話した。

2人は会うなり、1年ぶりに再会したカップルのようにキスをして、イチャイチャし始めた。久しぶりなのかな？　と思ったが、どうやら毎日会っているらしい。なんだよ、この幸せ者！　明るくカラッとイチャイチャするので、見ているこっちは気が楽だった。ところで鼻毛のことは、指摘しないのだろうか。むしろ飛び出しているのが、普通なのだろうか。

フェデリコの住むこの平屋はもともと、おじいさんの家だったそうだ。台所を通り抜けると、小さな中庭があり、屋上につながる橙色の階段が現れた。屋上へ上がると、柔らかな風が通り抜けた。巨木が立ち並んだ大通りと同じく、本当にすこやかな風が吹く街だと思った。

正方形の屋上スペースには、バーベキュー用の煙突とパリージャ用の網があった。網といっても、日本のバーベキューで使われる網戸のような目の細かい網ではない。そんな甘っちょろい品は、アルゼンチンには不釣り合いだ。直径約2㎝の鉄棒が20本ほど縦に並んだ網である。いや、網というより、鉄柵という表現がぴったりだ。「肉は豪快に焼くべし！」。雄々しい調理具から、そんなメッセージが発せられていた。

今日の肉焼き担当は、もちろんコックのアンドレアだ。骨が付いたままの巨大な肉塊をズシリと鉄柵にのせる。柵の下では、炭がシューシューと焚《た》かれ、鉄の棒がカンカンに熱くなっている。

「アンドレアの焼くパリージャはとんでもなくうまいよ！　彼は人気のコックだからね！」

フェデリコは何度も友達自慢をした。アンドレアは照れ臭そうに笑っていた。期待に胸が高鳴り、血湧き、まさに肉躍る。胃袋も小躍りする。男3人は、すでに酔っ払い始めて、もう、初対面の垣根はなかった。僕は、なれなれしくアンドレアの肩に手をかけた。

「もう腹ペコだよ！　朝から何も食べていないんだ」

「そうか、それは大変だ！」

「何分くらいでできる？」

「そうだな、3時間ほど待ってくれればできるよ」

なるほど、アンドレアは小粋な冗談を言うやつだ。これがアルゼンチン・ジョークってか。日本からの訪問者に肉ギャグをかましてきたなと、僕は頬がゆるんだ。

「ははは、おもしろいね！　肉が焼ける頃には、もう夕方だ！」

「そうなるな。さて、ワインを飲みながら待とうか」

ん？　答えるアンドレアの表情は、いたって真剣だ。おや？　様子がおかしいぞ？　まさか本当に3時間かかるのか？　静かに酔いが覚めたので、こっそりとビアンカに聞いてみた。

「ねぇねぇ、肉はいつ食べられるの？」

「そうねぇ、今12時だから、15時過ぎじゃないかしら」

なんと！　本当に3時間近くかかる！　こいつはまいった！　空っぽの胃袋では、すでに胃酸がボコボコと沸き立っていた。がっくり肩を落とすと、なぐさめるようにフェデリコが赤ワインを注いでくれた。

「これがアルゼンチン流のバーベキューさ。午後の時間をたっぷりかけて楽しむ。肉が焼けるのを待つのも醍醐味のひとつだよ」

食い意地の張ったやつだと思われたかな、と僕は急に恥ずかしくなった。それ以上に、情緒を解さないやつと思われたら、こんなに不甲斐ないことはない。これ以上ない作り笑顔で、再び乾杯した。

息をするたびに酔っぱらうようだった。空きっ腹に濃厚な赤ワイン。酔っぱらわないわけがない。アルゼンチンの人気ビール「Quilmes」をチェイサーにして、さらに赤ワインをあおった。未《いま》だ鼻毛をなびかせるフェデリコは、特に上機嫌だった。饒舌なトークが止まらない。

「アルゼンチン産ワインの80%が、ここメンドーサで作られている」「アルゼンチンの警察は賄賂だらけで使いものにならない」「肉を焼くのが下手な男は、ベッドの上でもヘタクソである」「アンドレアは、レストランで女性客にモテすぎて困っている」

フェデリコの「アルゼンチンあるある」が、本当なのか、冗談なのか絶妙で、僕らはずっとガハハと笑っていた。

どれどれ、と皆で肉の様子を見に行く。行儀よく一列になってぞろぞろと肉を拝みに行く様子は、滑稽だった。まずは、肉神様にお参りだ。アンドレアがオレガノの葉が付いた枝をバサバサと振りかざす。そして、肉をパシパシと叩いて、その葉を炭の中へ放り込んだ。香りづけのためだが、その所作はまるで、神社の神主《かんぬし》がお祓《はら》いをするようで、ますます肉が神々しく見えてきた。端からじわじわと焼け、脂がしたたり落ちる。骨と肉の境目がジリジリ変色しながら細かい泡を吹いている。そうか、肉は生き物なんだ、とよくわかった。

裏返そうと、アンドレアが素手で熱々の肉をつかんだ。そして、脂のしたたり落ちる4kgの肉塊をぐわっと持ち上げた。

「うわあ！　すげぇ！」

フェデリコとビアンカと3人で喝采を浴びせる。豪快に肉を操る男のかっこいいこと！　熱くないのかな？　と心配で見ていたが、次の瞬間、アンドレアは「うう！　熱い！」とうなって、肉を網に戻した。そりゃそうだろ！　と3人で突っ込むも、アンドレアは照れ笑いをして、こう言った。

「うん、いい具合に焼けてきた」

いや、それ、素手で触らなくてもわかるんじゃ？　アンドレアがモテる理由がなんとなくわかった気がした。

「実は、困ったことになっていて」

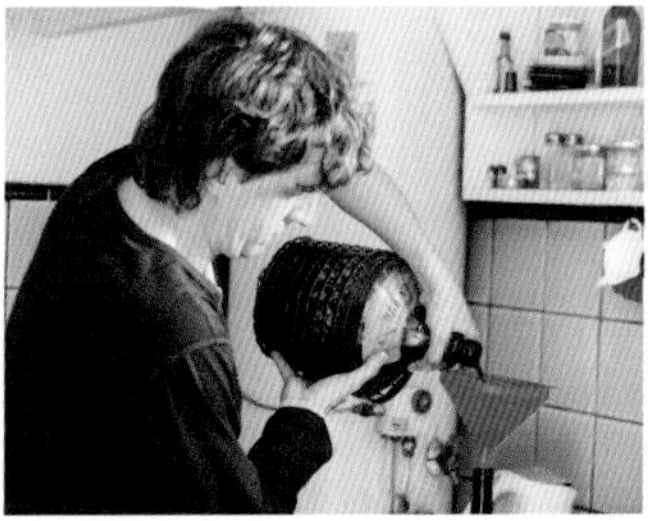

OMNIUM

ビアンカは、自身の職場について語り始めた。ふだんは、中学校の英語教師と市役所職員を兼務しているらしい。フェデリコが、神妙な面持ちで続けた。

「実は、給料の未払いがもう6か月も続いているんだ。メンドーサの一部の公務員は、給料がストップしている。アルゼンチン経済が不安定な証拠だよ。アルゼンチンペソが大暴落するのも時間の問題だと思う」

そういえば、ブエノスアイレスの大通りやイグアスの商店街で、何度も両替商のおじさんに声をかけられたことを思い出した。おじさんは、100ユーロ札を数枚掲げながら、「カンビオ（両替）！　カンビオ！」と叫び、外国人旅行者を見つけては声をかける。ペソがいつ暴落するかわからないので、今のうちに強い外貨に両替しておきたいのだ。

現に、イグアスの両替商は、通常の1・3倍レートでユーロを両替してくれた。彼女のために、ああでもないこうでもないと解決策を考えるフェデリコは、とても真剣だった。そして、もう鼻毛は出ていなかった。


肉！　肉!!　肉!!!


「焼けたぞ！　おーい、起きてくれ」

アンドレアに膝をポンポンと叩かれ、僕とフェデリコは眼を覚ました。気づくと酩酊《めいてい》状態になり、すっかり爆睡していた。

時計の針を見ると、すでに15時半！　あれ？　肉は？　網の上から忽然と消え、テーブルに移動していた。どうやら本当に3時間かかったようだ。

「うおー！　おいしそうだ！」

巨大な肉塊を前に黄色い歓声が上がる。アンドレアがナイフを構える。記念すべき入刀を見守った。厳かな儀式だ。

まずは真っ二つにする。表面はカリカリに燻《いぶ》され、中身は艶っぽく輝き、断面から肉汁がしたたり落ちた。骨の流れに沿って、きれいに切り分けていく。

いよいよ実食。待ちに待ったこの瞬間、ホーム・メイド・パリージャだ。骨を素手でつかみ、あんぐりと口を開けて豪快にかぶりつく。うぐぐ……噛みしめるたび、肉の雄々しい味が口の中にぶわっと広がった。オレガノの華やぐ芳香が少しだけ鼻に抜ける。なんて、力強く深みのある味わい、これ以上なく肉そのものだ！　巨大な生肉の状態から見ていただけに、噛むたびに尊い命をいただく喜びが湧き上がってきた。

皆して「うまい」「おいしい」「新鮮な肉」「焼き加減がすばらしい」「あと4kg食べられる」「アンドレアはパリージャの天才」「皆で食べるからおいしい」など、大騒ぎをしながら獣のように肉を頬ばった。

これぞ、宴だ。火を囲み、肉を喰《く》らい、酒をあおる。キッチハイクの旅一番の原始的な食卓だ。原始人がウホウホ言いながら、宴を楽しんだ理由がよくわかる。

「どうだ？　メンドーサは最高だろ？」

フェデリコの問いに僕は大きくうなずき、再び赤ワインで乾杯をした。まだまだ日が暮れない高い青空を仰ぎながら、肉欲に浸った。なんて豊かな時間だろうか。その一方で、ビアンカの給料未払い事件をふと思い出す。それはちょうど、うっかり焦げた肉片を食べてしまった瞬間だった。あれだけおいしかった肉が急に苦く感じられた。

Column

Bangkok

バンコク／タイ

キャットさんの家

Today's Menu

カイ・トゥン(タイ風茶碗蒸し)、豚肉のラープ、トムヤムクン

ガイドブックでは、“自炊をしない”と書かれがちなタイですが、実際は日常的に料理をされている模様。百聞は一食に如かず、です。

今回おじゃましたのは、デザイン会社で働くキャットさん宅。同僚を招いてホームパーティをするとのことで、ちゃっかり仲間入りさせてもらうことに。キャットさんは会社のアイドルらしく、気づけばぞろぞろと大人数での愉快な会になっていました。

娘の同僚たちに、照れながらも嬉しそうに料理やお茶を出すお父さん。様子が気になって、何度ものぞきにくる姿を微笑ましく思うとともに、娘を持つ父の気持ちは万国共通であることを見たのでした。

●家族／父（50歳）、母（48歳）、息子(28歳)、娘（24歳）
●住まい／鉄筋コンクリート一軒家
●得意料理／タイ風さつま揚げ、揚げ餃子
●コメント／皆は会社の同僚というより、すごく仲の良い友達。
おかげで毎日楽しいの！

Auckland
オークランド／ニュージーランド

ドムとナタリアの食卓

家族
ドム（28歳）・ナタリア（29歳）

ロトルアを経て訪ねたのは、ニュージーランド北島の北部中心部に位置するオークランドだ。若いカップルが暮らす小さな平屋におじゃますることになった。気さくなドムはイングランドから、しっかり者のナタリアはアルゼンチンから、それぞれ小さい頃に家族と一緒にニュージーランドに移住してきたらしい。人生いろいろである。

「食後のデザートを用意するよ！」と、登場したのは噂の砂糖菓子だ。ニュージーランド伝統のパブロバ（Pavlova）である。初めて聞いた名前だったので、まったく想像がつかなかった。パブもロバも知っているが、パブロバは知らない。しかし、今夜のメインディッシュであるドム特製の手打ちパスタが絶品だったので、充分に期待はできた。

料理のできる男は、カッコいい。ドムは、大学院の博士課程で環境と社会問題をテーマに研究しているらしい。非の打ち所がないナイスガイでとても好感が持てた。ひとつ年上のナタリアは、保険関係の会社で働いていて、忙しい日々を送っている。

「今はわたしが働いて生活を支えているけど、ドムが大学院を卒業したら、今度はわたしが好きなことをするの」

ナタリアは、ドムに聞こえないようにちょっとだけ愚痴っぽく話してくれた。なるほど、2人はそういう暮らし方なのか。おや？　ちょっと待てよ？　ひらたく言うと、ドムは年上の彼女に養われているヒモ男なのでは？　ドムが同い年だとわかると、嫉妬に近い野暮な感情が湧いてきた。

イケメン・ドムの無邪気な郷土料理

たっぷりのメレンゲに少量の塩、コーンスターチ、バニラエッセンスを入れて泡立てる。生クリーム状になったら、そこへ大量の白砂糖を放り込む。そして、ホイップ！　ホイップ！　肩に手ぬぐいをのせたドムは、やけに絵になった。僕の嫉妬もさらにホイップされていく。ドムは白砂糖をさらに追加した。これが、ドサドサと際限なくて、とにかく不安になった。え？　まだ？　まだ入れるの？　見ているだけで、もう甘すぎる！　胸やけ必至の目に余る甘さだ。僕は耐えられなくなり、声をかけた。

「Hey, ドム！」

「どうした？」

「砂糖の量なんだけどさ。それ、合ってる？」

「あぁ、そうだな。ちょっと待ってくれ」

ドムは、袋に記載してある砂糖の含有量を確認して、こう答えた。

「まだ足りないな」

「What?」

足りない？　正気か？　まだ入れるか、このヒモ男！　どんだけ甘えん坊なのだ！　心の中では大声でストップ！　と叫んでいたが、せっかくの郷土料理に口出しすることはできない。だんだん何かの宗教儀式に思えてきた。ドムは、僕が不安に思っていることもつゆ知らず、ザッサーッとすさまじい勢いで白砂糖を流し込んでいった。

「ンフフフフ♪」

ドムは鼻歌混じりだ。予想の30倍を超える砂糖を放り込んだところでようやくストップ。ドム君、これは何かの冗談かい？　いや、それとも目の錯覚？　徹底的に甘やかさ

れた砂糖まみれのメレンゲは、そのままオーブンへと運ばれた。

愛と砂糖の結晶を実食！

焼くこと、20分。こんがりとベージュ色に焼き固まった岩塩のような塊が現れた。表面に、カットキウイをちりばめて完成だ。おや？　仕上がりは、思った以上にいい。

「Hey, マサヤ！　とってもおきができたよ！」

2人して自信満々の笑みをこぼした。それでも、調理過程を見てしまったものだからやっぱり不安は残る。歯に当てただけで虫歯になるんじゃなかろうか。食べた途端、歯茎から歯が飛んでいきそうだ。歯茎ごと溶け落ちそうなジャンキーさながらの幻覚を見る。飲み込んだら最後、糖尿病へまっしぐらだ。そもそも味はどうなんだ？　どう考えても砂糖の塊だと思うのだが。さまざまな疑念で頭がいっぱいになった。

「どうしたの、マサヤ？　早く食べてごらんなさいよ」

「マサヤ、お先にどうぞ！」

大丈夫か？　これは大丈夫なのか？　よし！　と覚悟を決めて、ひとかけらを口に運ぶ。思った以上にサクサクとした口当たり。これは意外にイケる？　と一瞬前向きにとらえた瞬間、甘さが突き抜けてきた。脳天までズキン！　とくる。ひとかじりで頭蓋骨の隅々まで砂糖が行き渡った。甘さの大海に放り出され、シュガーモンスターに脚をつかまれ深海へと誘われる。砂糖に溺れた経験は初めてだ。

「Oh……This is just sugar.（……これは、ただの砂糖だね）」

2人に聞こえないように小さい声で僕はつぶやいた。

「うん、甘くておいしいね」

見つめ合うドムとナタリア。パブロバ並みに甘い生活。キウイの酸味とホイップの甘さが、2人のごとく見事なマリアージュをかもしていた。いや、それっぽく言うと、素敵に聞こえなくもないが、とにかく甘すぎて甘すぎて！　張り裂けそうなほど胸が焼けた。僕は虫歯と糖尿病を覚悟して、パブロバを食べきった。


2年後、ドムとナタリアは東京を訪ねてきた。2人は結婚していた。あいかわらずスウィートな2人だった。僕はというと、虫歯をひとつ治療したのだった。

Column

Alberobello

アルベロベッロ／イタリア

フランチェスコさんの家

Today's Menu

ポモドーロのニョッキ、トマトとオリーブのフォカッチャ、ポテトと鶏胸肉の香草グリル

南イタリアが誇る世界遺産の街アルベロベッロへ。茸の形をした真っ白な小屋が連なる集落は、まるで絵本のよう。訪ねたのは、地元のオーガニック食材を好むフランチェスコさん。恰幅のよい体から繰り出される小粋なイタリアンジョークが止まりません。食前のおやつにどうぞ、と出してくれたのは有機栽培の小さな青りんご。ひと口かじると、驚くほどの新鮮さ。ポモドーロは無農薬のトマトを漉すところから、ニョッキは小麦粉から丁寧に。ピザ窯で焼き上げるのは、たっぷりのオリーブオイルを練り込んだフォカッチャ。食への真摯な姿勢を目の当たりにして、胃袋の居住まいを正すのです。

●家族／父（65歳）、息子（32歳）
●住まい／木造平屋4LDK ピザ窯付き
●得意料理／ピッツァ・マルゲリータ
●コメント／アルベロベッロは、日本の白川郷って街と姉妹都市なんだ。有名なのか？

Lisbon
リスボン／ポルトガル

ルイスとイサベラ一家の食卓

バカリャウ・ア・ブラス
バカリャウ・コン・ナタス
赤ワイン

家族
ルイス（38歳）・イサベラ（24歳）・
娘（1歳）

　リスボンは坂が多い。古ぼけたポルトガル建築の家々に囲まれた石畳の斜面を路面電車が下る。狭い路地の急カーブでは見事にスピードを落として、グググッと曲がってくる。海抜０ｍからの急な勾配の上に、街ができ上がっている。海から吹き上がる風が背中を押すので、お腹と背中がくっつきそうだ。キッチハイクの旅の原動力は、空腹とも言える。ひらけた大西洋を望みながら、僕は目的地に向かった。今日の待ち合わせも、もちろん〝家〟だ。

「My religion is Art！（僕の宗教はアートだから！）」

開口一番、ルイスが言い放った。いきなり、クセがすごい。明らかにユニークな男だ。ずんぐりむっくりの体型に、ギョロッとした大きな目、そしてチョンマゲ頭、見るからにエネルギーが満ちている。禿《は》げかけて、ふにゃりと頭《こうべ》をたれるチョンマゲ以外は、元気いっぱいだ。出会って1分も経たないが、僕は確信した。ルイスはいいやつだと。

早速、食材の買い出しに同行させてもらった。潮風が街に吹き渡っているのがよくわかる。僕らもぶらぶらと歩き始めた。

「今は、いろんな仕事をしてるけど、基本的に僕はアーティストだよ。生きることそのものが芸術だと思ってるからね」

カメラを向けると、ルイスは大きな目をさらに大きく見開いた。サービス精神旺盛《おうせい》、道化師のようだ。「My religion is Art!」とくり返し語るルイスを見て、メキシコシティのアブラハムを思い出した。アブラハムは、「My religion is my wife!」と言っていた。なるほど、どうやら世界には、思った以上にいろんな宗教があるらしい。

スーパーもあるけど、せっかくだから地元っぽい商店で買おうか、と路地裏の小さなお店へ案内してくれた。店の入り口には、網の袋がぶらさがっていて、中には無数のカ

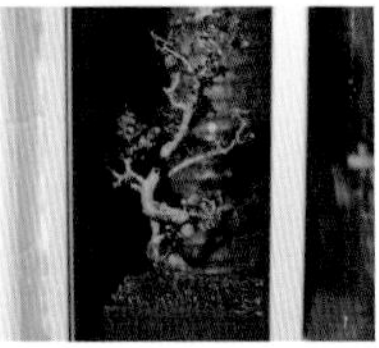

Coca-Cola

タツムリのようなものがぎゅうぎゅう詰めになっていた。

「ねぇ、ルイス、これはエスカルゴ？」

「いや、これはカラコイス（Caracois）。エスカルゴよりサイズが小さいだろ？　ポルトガルでは、夏に食べるビールのおつまみなんだ」

そう言って、ルイスはゴクリと喉を鳴らした。ほほう、そうなのか。興味は持ったものの、残念ながら僕の喉は鳴りそうで鳴らなかった。

材料を買い終えて家に到着すると、ルイスの言っていた意味がよくわかった。家の中には、ルイスの作ったアート作品がたくさん飾られていた。廃材で作った木製のオブジェ、派手な装飾をこらしたトルソー、油絵、陶器、なんでもある。ルイスは、イメージを形にする力がとても強烈な男のようだ。

「僕のアートは、ノンジャンルだ。さっきも言ったけど、生きることがそのまま芸術だからね」

「特にお気に入りはあるの？」

「そうだな。お気に入りというか、最近凝っているのは、これ」

そう言って、見せてくれたのは、小さな植木鉢だった。

「これは、なに？」

「マサヤ、知らないのか？　君の国のやつだろ？」

「え？　それって、どういうこと？」

「ボンサイだよ」

ルイスの口から、「盆栽」という単語が出てきて驚いた。発音が良すぎて逆に聞き間違いかと思った。

「盆栽は、とてもゆっくり育つ。あと、意外と思ったように育たない。それがとてもおもしろいんだ」

「人生みたいだね」

「そのとおり！　さすが盆栽の国の人だ、よくわかってる！」

ルイスは、興奮気味に僕の肩をバシバシと叩いた。「盆栽の国の人」。そんなふうに呼ばれたのは初めてだ。特に悪い気はしなかった。

後ろを振り向くと、とてつもない美女が立っていた。ルイス以上に大きな瞳、真っ白い肌、スラリと伸びる長い脚。なぜ、ルイスの家にスーパーモデルが⁉　下手すると、まだ10代かと思うくらい若く見える。一瞬、ルイスの娘かな？　と思った。が、小さな赤ん坊を抱えていたので、ようやく状況を把握した。

「奥さんのイサベラ。それとマイ・ベイビーだよ。生まれたばっかりなんだ」

イサベラは、爽やかに会釈をしてくれただけでしゃべらなかった。というのもブラジル出身で、ほとんど英語を話さないらしい。ブラジルの公用語は、ポルトガル語だ。

大航海時代に南アメリカ大陸へ入植を始めたポルトガルは、16世紀から19世紀初頭までの約300年間、今のブラジルの地域を統治していた。ルイス曰く、ポルトガル人とブラジル人の国際結婚は、昔も今もけっこう多いらしい。

「奥さん、めちゃくちゃきれいだね、そして若い！　でも、どうやって口説いたの？」

「マサヤ、まぁまぁ、その話はいいじゃないか。料理を始めようぜ」

背中を押されて台所に移動すると、ルイスが僕の耳元でヒソヒソと囁《ささや》いた。「子どもができたから、結婚を決めたんだよ」。なるほど、そういうことか。情熱あふれるルイスは、意外にモテ男のようだ。全身からあふれ出るパワーがモテる秘訣《ひけつ》なんだろう。それでも、チョンマゲだけは、依然として謙虚にふにゃりとしていた。

南蛮船がつなぐ味

台所に立つルイスの姿は、どっしりと板についていた。家中に香ばしい匂いが漂い始める。今夜の晩餐は、「バカリャウ・ア・ブラス（干し鱈《たら》とジャガイモの卵とじ）」だ。ポルトガルで一番愛されている魚、鱈を使った定番の家庭料理である。しっかりとした魚料理は久しぶりで、僕の胃袋は、ボコボコと胃液と期待に沸き立った。具材のメインになるのは、鱈の身を塩漬けにした干物「Bacalhau（バカリャウ）」である。ルイスは、ゴツゴツした指で鱈の身を細長く裂きながら、ポルトガルの食文化について教えてくれた。

ポルトガルは大西洋に大きくひらけた海洋国家だ。リスボンの海もご多分に漏れず、魚介類の宝庫である。家庭の食卓によく登場するのは、鰯、鯵《あじ》、鯖《さば》、鮪《まぐろ》、太刀魚《たちうお》、イカ、タコ、海老。そして、調理法は焼く、煮る、揚げる、マリネするのが一般的らしい。あれ？　なんだか日本の食文化に似てない？　聞けば聞くほど、食材も調理法も日本人になじみがあるものばかりだ。

初めて日本にやって来たヨーロッパ人は、ご存じポルトガル人。1543年の夏に一隻の船が嵐で遭難して、種子島《たねがしま》に漂着、鉄砲が伝来したといわれている。そんな偶然をきっかけに、さまざまなポルトガル食文化が日本に入り込んできた経緯がある。もしかしたら、地理の観点から見ても、歴史の観点から見ても、相当似通った食文化があるのでは？　そう考えると、急にポルトガルが身近になって、ルイスさえもなんだか遠い昔からの友達のように思えてきた。

ルイスは、鉄製のフライパンにたっぷりのオリーブオイルをたらした。コンロは、古ぼけたポルトガル建築には似合わない最新のＩＨだった。ジジジジと静かな音を鳴らしてフライパンが熱されていく。輪切りのたまねぎ、ニンニク、オリーブの実を炒めた後、丁寧に骨を取り除いた干し鱈を放り込んだ。具材がしんなりとして合わさってきたら、千切りにしたジャガイモを加える。ルイスのゴツゴツした手からは想像できないほど細い細い千切りだった。

それにしても、ずんぐりむっくりの人が作る料理は、なんでこんなにおいしそうに見えるのか。ルイスのように少し太っている方が、おいしさに説得力がある。ぽっちゃりした人が笑って料理する様子は、幸せそうなことこの上ない。仕上げに卵を落として、半熟の状態でとじる。いよいよ完成だ。

My religion is……

ルイスお手製のローテーブルに器を並べて、ディナータイムが始まった。スプーンいっぱいに具材をのせて、一気に口へ運ぶ。ジャクジャク、ジャクジャク。少しだけ芯が残ったジャガイモの千切りは、噛むたびに小気味良い音を立てた。素朴な芋の甘みに干し鱈の塩気が見事にマッチして、食べれば食べるほど食欲が湧いてくる。最後に、卵の甘みが全体の味わいを包み込んだ。

「ルイス……これ、本当にうまいよ」

「だろう？　料理もアートのひとつだからな。今夜は、好きなだけ食えよ」

こうなったら遠慮する理由はなにもない。僕は、眼の色を変えて、バカリャウをバカバカと口へ運んだ。

やっぱり味つけや食材が日本と似ている。懐かしさを覚える味に、舌だけじゃない、胃袋まで反応した。この心地よい感覚をルイスとイサベラに伝えたくなった。

「ＯＫ。遠慮なく食べさせてもらうよ。なんだか日本の味がするんだ」

「そうか？　俺は盆栽を食べたことがないから、よくわからないな」

ルイスは、隙あらば笑わせようとしてくる。思わず吹き出してしまった僕を見て、イサベラは首を傾げた。ルイスがポルトガル語で説明すると、イサベラも声を出して笑った。バカ笑いする3人に囲まれて、生まれたばかりの赤ちゃんもダァダァと笑みをこぼした。

1か月後、ルイスから1通のメールが届いた。僕は、アムステルダムにいた。なにかあったかな？　と文面を読んでみると、どうやらトゥクトゥクを購入したらしい。タイでよく乗られているあの派手な三輪自動車だ。でも、なんで⁉　思わず、突っ込まずにはいられなかったが、ルイス曰く、トゥクトゥクがあれば、旅行者をガイドすることもできるし、屋台にして自慢の手料理を売ることもできるとのことだった。

ほほう、あいかわらずルイスらしいなかなかしびれるアイデアだ。まとまったお金が手に入ったから、と書いてあったので、もしかしたらなにか作品が売れたのかもしれない。

「My religion is Art.」

アムステルダムの運河のほとりでルイスの言葉について、考えてみた。

僕のテーマは、なんだろう？　Food（食べ物）か。Journey（旅）か。もしくはMeeting people（人に出会うこと）か。それともやっぱり、Hungry（貪欲）であること？　そのすべてのような気もするし、まだ見ぬなにかのような気もする。

〝食〟からつながる世界を実現するため、日本を発ち、丸1年が過ぎていた。キッチハイクの旅もいよいよ後半戦に突入している。早くルイスやアブラハムのようにスパッとした信念を持ちたいものだ。

この時、僕は初めて旅の終わりを意識した。

Jeju Island
済州島／韓国

ウンヒと友達の食卓

家族
ウンヒ（38歳）・
近所に住む友達（34歳）

アルパカの壁画だ。待ち合わせの番地に到着すると、韓国建築の古めかしい平屋があった。門と連なった塀にデカデカとアルパカが描かれている。韓国、しかも離島の済州《チェジュ》島《ド》。そこにアルパカの画。なぜ？　ペルーやボリビアの高地に生息するアルパカが、まさか済州島に？　そんなはずはない。いや、ちょっと待て。そもそも、この動物はアルパカなのか？　ちょっと首を長く描いてしまったヒツジかヤギじゃないのか。それとも、沖縄でいうシーサーのような地鎮の守り神なのだろうか？　いや、済州島の守り神は、トルハルバンという人型の地蔵だ。門の前で腕組みをして悩んだ。アルパカ風の生き物と済州島の因果関係について、思考を深めたが、特に答えは見つからなかった。

「あ、どうも。マサヤさんですか？」

うんうんうなっていると、後ろから声をかけられた。家主のウンヒだ。「チョンベケスムニダ（初めまして）」とカタコトの韓国語で挨拶する。道中、どんな女性なんだろうか、と思っていたが、想像よりもずいぶん小柄で幼い印象を受けた。

「どうぞ、中へ入ってください」

見た目の幼さと反対に、ウンヒはとても落ち着いていた。初対面でこんなに礼儀正しく、距離感を丁寧に扱う出会いは、久しぶりだ。さすが儒教の国である。アジアに帰ってきた実感がグワッと湧いてくる。そうか、自分はやっぱりアジア人なんだ……！　実感が湧いた。

比べて、中南米やヨーロッパと言ったら。出会いがしらからラフな距離感、下手するといきなりハグや頬にキスが日常茶飯事だった。メキシコシティのアブラハム、リスボンのルイス、そしてウィーンのジェレミス……。出会って数秒で距離が縮まった出会いの数々が思い出される。フランクな出会いは、大好きだ。この旅を経て、ますます好きになった。その一方で、こうしたアジア然とした礼儀正しさに自分の由来を見た気がした。そして、強烈な懐かしさを覚えた。ただひとつ、目の前のアルパカとの距離感だけが上手くつかめないでいた。

僕は、済州島に並々ならぬ思い入れがある。というのも、韓国人である妻と結婚式を挙げた場所が、ここ済州島だからだ。会社員時代の出来事なので、はるか遠い昔に思える。余談だが、僕らの結婚式の日に台風が直撃した。式場から望む海は、東映映画のオープニングのごとく荒れ狂った。浜に生えるヤシの木は突風にあおられ、信じられない角度で漫画のようにひん曲がった。参列してくれた友達に申し訳なかった。そして翌日は、死ぬほど晴れた。今となっては、いい思い出だ。

実は今回の旅の途中から合流した妻と最後に訪問する食卓が、ここ済州島なのは、旅の締めくくりにふさわしい。東南アジアから始まった旅は、オセアニアを経て、東廻りに北中南米から北アフリカ、ヨーロッパへ。そして、アジアに戻ってきた。あぁ、ようやく帰ってきたんだ！　そんな感慨深い想《おも》いに駆られた。日本人である前に、やっぱり自分はアジア人なのだ。旅は振り返れば一瞬だ、なんてよく言われるが、そんなことはまったくない。本当に、本当に、長い旅だった。それは、人との出会いが濃すぎたせいだろう。

市場と海のある暮らし

母屋の台所は、簡素だが使い勝手がよさそうな造りだった。驚いたのは、壁である。平屋自体はモルタルと木造なのだが、壁は岩だった。

「ウンヒ、この壁って、どうなってるの？」

「わたしもよくわからないけど、元々あった大きな岩にくっつけて家を建てたんじゃないかしら。壁を造らなくて済むから賢いよね」

世界中でいろんな家を見てきたが、壁の一部が岩の家は初めてだ。元々ある自然物を活用した家や建築物はとてもいい。「あるものを活かす」暮らし方は、妙にホッとする。そもそも人間がゼロから家を建てるようになったのは、つい最近なんじゃないだろうか。穴蔵を寝床にしたり、大樹の下で暮らしていた頃の記憶の片鱗《へんりん》がふっと蘇《よみがえ》る気がした。

「そっちの壁を見て。魚の絵が描いてあるでしょ？　近所の子どもたちが描いてくれたのよ」

壁には、クレヨンで描かれた色とりどりの魚がいた。ちなみに表のアルパカ風の動物は、やっぱりアルパカだった。ウンヒがマチュピチュを訪ねた時に見たアルパカがたいそうかわいかったので、友達と一緒に描いたとのことだ。どうやら人は、はるか昔から、壁に絵を描きたい衝動に駆られる生き物らしい。

제주
막걸리

「わたしは元々ソウル出身なんだけど、2年前に済州島に移住したの」

ワンボックスカーに乗って、近所の市場に向かう道すがら、ウンヒは島に移住した経緯を教えてくれた。大学を卒業して、ソウルで会社員をしていたらしい。

「なにか移住するきっかけはあったの？」

「シティでは充分働いたし、ちょっとゆっくりしようかなと思ってね。自分のゲストハウスをやって、世界中から旅行者を招くのが夢だったのよ」

ウンヒは、アメリカのオレゴン州ポートランドに留学していたこともある。ポートランドのライフスタイルは、とても刺激になったようだ。日本は地方移住ブームと言われるが、韓国でも状況は似ている。

済州島に来たウンヒは、築50年の平屋を買い取り、仲間と少しずつ改装した。台所と居間のある母屋、自分の寝室とゲストルームのある小屋が中庭を囲むように建っている。平屋を背景にハンモックがぶら下がる中庭は、映画のワンシーンのようだ。

さらに、ここ数年でソウルや釜山《プサン》から移住する若い世代が増えているらしい。古民家を改装して、オーガニックカフェやバー、工芸品を作るアトリエ、醸造所を始めるのだそうだ。

「あとは、韓流スターたちがお忍びで別荘を買っているらしいわ。わたしはまだ会ったことないけどね」

そう言うと、ウンヒは口に手を当てて、フフフと小さな笑みをこぼした。

20分ほど車を走らせると、市場と思《おぼ》しき港に到着した。韓国の市場は、独特の活気がある。例えば、ソウルのクァンジャン市場は、食材市場でありながら道のいたる所に屋台が出ている。寒い冬には、鉄板から湯気と煙がモクモク上がり、幻想的な光景になる。売り子のおばちゃんがパワフルなのがおもしろい。横丁好きにはたまらない雰囲気だ。ピンデトッという緑豆を使ったサクサクしたチヂミのような料理が大人気だ。軽いビールやマッコリにぴったりのおつまみである。

済州島の市場もクァンジャン市場に負けず劣らず、相当な規模だった。巨大なアーケードの下に、端から端まで見渡せないほどの数の店が並んでいる。ウンヒから「地元の市場よ」と聞いて、勝手に小さなマルシエを想像していたが、そのイメージを覆すには充分すぎた。艶々の太刀魚、鯖、鯛《たい》、河豚《ふぐ》、見たことのない魚も多い。光がウロコに反射して、キラキラ輝く。でっぷり太ったイカが特に目立った。

「ねぇ、ウンヒ、この市場、かなり大きくない？」

「そうね。業者やお店の人が買いに来るし、わたしのように地元の人も普通に買えるからね」

ウンヒは、行きつけの店を巡り、食材をテキパキ買いそろえた。売り子のおばちゃんに僕を「日本からのお客さんだよ」と紹介すると、おばちゃんは、にこりと笑って海老を1匹おまけしてくれた。これが田舎の島っぽさだよなぁ、なんて嬉しくなった。僕は、「カムサハムニダ（ありがとうございます）！」とお礼を言って、海老を受けとった。

が、どうも、見覚えのない海老だ。頑丈そうな殻と甲羅と触角の禍々しいビジュアルに一瞬引いた。まるでプラモデルだ。全身から棘《とげ》がバリバリ突き出た、狂気を感じるボディライン。

こんな恐ろしい海老は初めてだが、ちゃんとおいしく食べられるのだろうか。掌《てのひら》でピクピクと動く海老から、済州島のパワフルさを見た気がした。

市場を後にして家に戻ると思いきや、ウンヒは、堤防のある湾で車を止めた。

「ここでちょっとだけ獲《と》っていきましょう」

そういうと、ウンヒは慣れた足取りでズンズンとテトラポッドを乗り越えて、湾の浅瀬に足を踏み入れた。じゃばじゃばと手をかき回して、水の中で何かを探す。

「え？　獲るって、なにを？」

「ほら。これを見て」

ウンヒの手には、小指の先ほどの貝があった。小さなつぶ貝か大きなタニシといったサイズだ。

「これをヘムルテンジャンチゲ（海鮮味噌鍋《みそなべ》）に入れるのよ」

「おお！　すごい！　でも、勝手に獲っていいの？」

순창

「いいんじゃないかな。いつも獲り放題よ」

そう言うと、ハイ、と青いカゴを渡された。潮干狩りならぬ貝狩りが始まった。海で貝を獲るなんて、小学校の遠足以来だ。童心に返って無我夢中で貝を獲り続ける。30分ほどかけて、200個くらいは獲れただろうか。そろそろかなと顔を上げると、ウンヒは腰に両腕を当てて、海の遠くを見ていた。

「今日は来てないわね」

「いつもは誰かが来るの？」

「うん。あそこに湾から海に向かって延びる道が見えるでしょ？」

目線を向けると、車1台が通れるくらいの幅の道が海に向かってまっすぐ延びていた。縁に腰を掛けて、釣り竿《ざお》をたらしたくなる。

「時々、あの岬の先っちょにキッチンカーを止めて、コーヒーを売っているお兄さんがいるのよ」

「え？　わざわざあんな変なところで？」

「そう。わざわざ買いに来てほしいんだって」

「おもしろいね。でも、売れるのかな？」

「そうね。全然売れないって言ってたわ。でも、別にそれでいいんだって」

売れなくてもいいコーヒーか。済州島では、濃い出会いのある暮らしができそうだ。

ウンヒは、海に向かって延びる道を見てニコニコしていた。

「ただいま」の味

底の深いフライパンでヘムルテンジャンチゲの具材を煮る。僕は、タニシ風の貝の中身を取り出す担当になった。裁縫用の針を使って、ひとつずつ取り出すのだが、これがまた難しい！　お手本を見せてくれたウンヒは、ひとつあたり5秒もかからない。僕はというと、3分以上かけてやっとこさ取れた身が半分でちぎれていたりする。

奮闘している間にも、チゲの調理はどんどん進み、すぐに貝を入れるタイミングが来てしまった。おぼつかない手つきで作業する僕を見て、失笑しながら結局ウンヒがほとんど取り出してくれた。

たまねぎ、ネギ、大量の刻んだニンニク、それからイカと貝、主役の海老を湯の中でグツグツ煮込む。見るからに辛い。青唐辛子のチリチリとした辛さが部屋いっぱいに広がる。目までシパシパするようだ。

「ケンニップ（エゴマの葉）を穫りに行くよ」

そう言うと、ウンヒは平屋の裏へ向かった。そこには、モサモサと繁る大量のエゴマの葉があった。

「こんなにたくさん！　自家製なんだね。ウンヒが植えたの？」

「ううん。去年から勝手に生え始めて。毎年、大量に穫れちゃうから逆に困ってるくらいよ」

濃い緑色をした葉っぱは、触ると厚みを感じられるほど分厚くて、栄養たっぷりなことがよくわかる。刻んだエゴマの葉を入れて、ヘムルテンジャンチゲが完成した。

済州島名物のみかんが入った生マッコリで乾杯した。ねっとりした生マッコリが喉にしみ渡る。まず、チゲの汁を口へ運ぶ。一瞬にして、口いっぱいに強烈な海鮮の旨みが広がった。鞭《むち》のような青唐辛子の辛さの中でも、しっかりとイカ、貝、海老の潮味とほんのりした甘さを感じる。禍々しい甲羅の海老は、見かけ倒しでなく、すさまじい海老のエキスを出していた。エゴマの葉のジャリジャリした歯ざわりと強烈な香りも負けじと主張してくる。

もう、なんという、奇跡のバランスか。ひと口するごとに胃が刺激されて、ますますお腹が空いてきた。あぁ、おいしすぎる！

「確かに今日は、いつもよりおいしいかもしれないわね」

僕が絶賛すると、ウンヒもまんざらではなかった。炊きたての白いごはんとも相性抜群だ。１年以上ぶりの食べ慣れたお米に舌鼓を打ちながら、満足ゆくまで済州島の潮を味わった。胃袋はもちろん体の隅々まで幸せが行き渡り、僕は最後の一滴まで飲み干した。

文庫版あとがき

　さて、旅を終え、帰国してから6年、単行本の刊行から3年半が経ちました。あぁ、なんと月日が経つのは早いことか。「キッチハイク」という概念を発見してから、僕はその虜になりました。ごはんを一緒に食べることが、こんなに奥深いなんて、誰が知っていたでしょうか。考えるほどにお腹が減り、今日もまた誰かとごはんを食べるのです。

＊

　帰国してから、新しく始めたことがあります。僕は、キッチハイクを逆にやってみることにしました。そうです、我が家の食卓に旅人を招いては手料理をふるまうのです。自分が実際に訪ねたみんなを招くことは難しいけれど、はじめましての旅人を招くことが、どこかでつながっている気がしたのです。

　それは、愉快すぎたキッチハイクの旅を、世に恩返しするようなもの。こうして、「逆キッチハイク！　招待！我が家の晩ごはん～雅也はお好み焼きに納豆を入れる編～」

がはじまりました。

妻と2人で、世界中からたくさんの旅人を招きました。それはそれは、にぎやかな日々です。僕は、大学時代のバイト先の鉄板焼き屋で磨き上げたお好み焼きを、妻は、実家から送られてくる手作りのキムチをたっぷりつかったチゲをつくりました。招いた旅人と食卓を囲んだ後、一緒に近所を散歩していると、キッチハイクの旅のワンシーンが呼び起こされます。

バレンシアのヴィセントは、なぜか通っていた学校やらギター教室やらを案内してくれたなぁ、なんて思い出すのです。当時は、なんでそんな場所ばかり！　と思っていましたが、僕は、徐々にヴィセントの気持ちがわからなくもない感じになっていきました。とにかく、自分由来の日常を届ける。それが家のごはんと同じで、後々いちばんグッとくるものがあると気づいたのです。

アラスカのアンカレッジからは、ボルダリング選手の姉妹がやってきました。大柄の姉と小柄な妹は、お互いをとても信頼しあっている様子が印象的で、厳しい自然の中で支え合って生きる家族の絆のようなものが漂っていました。アムステルダムからは、外科医の夫と姉さん女房の奥さま。2人ともすごく陽気で、食卓を囲んだ後は銭湯にも行ったりして、今でもよく連絡を取り合う仲です。香港からは、一人旅の青年。長髪を縛った団子頭をトレードマークに、バックパックひとつ背負って、年がら年中せわしなく世界中を移動しています。ブリュッセルからは、自由気ままに生きる女子2人組。アートとカメラが好きで、ドラァグクイーンのポートレートを撮り続けていました。家は借りずに、クルマに住んでると言っていたけど、今もまだそうなのかな。

それから、嬉しかったのは、オークランドでパブロバをつくってくれたドムとナタリアが、東京まで訪ねてきてくれたこと！　ドムはヒゲをたくわえて、出会った時よりもやけに大人びていました。会うのは2回目だけど、本当に古くからの友人のような気持ちになったのは、不思議なものです。ドムは、無事に大学院を卒業して、ようやく働き始めたようで、ナタリアの表情もイキイキとしているように見えました。

もてなす側と、おじゃまする側。一見、与える側と、受け取る側に思えるけど、実際に旅人を招いてみて、もてなす側こそ、むしろ受け取ることが山ほどあるとわかりました。食卓を囲むことで日常に新しい風が吹き込み、新しい世界と接続する、自分が拓《ひら》ける、まるで自身も旅をしているような感覚になるのです。

世界中の食卓を訪ねて、もてなされ続けてしまったなぁ、しっかりと恩返しもできずに申し訳なかったなぁと、心のどこかで思っていました。キッチハイクを逆にやってみたことで、もてなされただけじゃない、訪ねた自分もきっとなにかを与えていたであろうとわかり、僕の心はやすらぎました。さらには、今になって、過去がより重層的な意味を持ったことに、得も言われぬ喜びを覚えました。

キッチハイクの概念を見つけた瞬間を、今でも思い出します。共同体の成り立ちに関する文献を読んでいた時のことです。「縄張りに入ってきた部外者と友好を深めるためには、一緒に食事をするのが一番だ。地球上のすべての民族が根源的にこの慣習を持っている」。そんな一説に出逢いました。

なるほど、シンプルかつとても具体的だと思いました。共食の儀礼は、絆を深める役割を果たします。もっとも大切なもの、つまり食料を差し出して他者と分かち合うことは、敬意と友好の証として、これ以上のものはありません。言葉が通じなくても、慣習や宗教が違っても、ちゃんと伝わります。飽食の時代であっても、人間である限り、先天的に備わって失われない感覚です。「同時に食べ始め、同時に食べ終わる」ことは、生きる動作のキャッチボールであり、互いの承認と尊敬に値します。細胞レベルで同体化するのです。

＊

旅を終えて、そして旅人を招く日々を過ごした上で、さらに気づいたことがあります。「食卓を囲む」行為が持つ、もっと大きな可能性についてです。キッチハイクは、僕が思っていたよりも、遥かに大きなものでした。つまり、キッチハイクは、国籍や言葉が違う者同士だけに当てはまる概念ではなかったのです。国籍が違っても同じでも、言葉が通じなくても通じても、初対面でも親しい友人でも、旅先でも日常でも、旅行者でもご近所さんでも、あらゆるシーンで人がつながり、絆を深めることができるとても大きな行為でした。逆説的ですが、海外を周ったこと、自宅の食卓にゲストを招いたことで、旅先から日常まで、すべての食卓を分け隔てなく見ることができるようになったのです。

*

今、僕は、東京で「KitchHike（キッチハイク）」というWebサービスを育てています。料理をつくる人と食べる人をつなぐマッチングサイトとして始まったサービスが、さらには食と文化と交流をコンセプトに「食でつながる暮らし」を創造する事業として、成長を続けています。

帰国直後は、一文無しである上に、事業がうまくいかなくて日銭を稼げない期間が長らく続きました。食で人をつなぐサービスなのに自分が食えない、というのはシャレになりません。それでも続けられたのは、キッチハイクの旅を通じて、その価値を確信していたから。応援してくれる素晴らしい人たちとの出会いがあり、価値に共感して仲間になってくれたメンバー、それからサービスを利用してくれる方々のおかげで、これまでに累計で5万人以上の人がつながるサービスになりました。キッチハイクの旅は、僕に希望と使命をもたせてくれたのです。

今、僕らは、東京の東上野にあるROUTE COMMONという古めかしい建物をリノベーションしたコミュニティビルの一角にアジトを構えています。植物や古材、レトロな家具、味のある什器《じゅうき》を並べて、メンバーと一緒に食でつながる価値を磨いています。オフィスなのか、家なのか、工房なのか、実験室なのか、よくわからないけど居心地がよく、風通しのいい場所です。極めつけは、みんなでぐるりと囲める大きなキッチン。世界中でいろんなキッチンを見てきましたが、現地で体感したすべてを融合したような無国籍だけど温かみのあるキッチンです。

おかげさまでメンバーも増えて、今や20人以上の大所帯です。食べるのが好き、料理が好き、おしゃべりが好き、食文化が好き、旅が好き、人が好き、そして未来をよりよくしていくのが好き。ひとりひとりとてもユニークです。中には、「本屋でキッチハイクの単行本を立ち読みして、雷に打たれたような衝撃をうけて、一緒に働きたいと思って来ました！」というメンバーもいます。「立ち読みした後、買ったの？」と聞いたら、「最後まで立ち読みしたので、買わなかったです」と答えたので、すぐに採用して一冊プレゼントしました。

ありがたいことに、本当に創造性があふれ、清々しく、愉快な仲間ばかりです。「食でつながる暮らし」のおもしろさ、尊さ、豊かさに共感し、その価値を一緒に広めています。毎日のように、キッチンでお昼ごはんのまかないをつくり、食卓を囲みます。時には、ゲストを招いて、みんなでごはんを食べながら談笑します。互いに古くからの友人のような、また家族のような関係を感じるのです。それは、僕がキッチハイクの旅で実感してきた、食卓をともにする絆そのものなんだと思います。

ちなみにですが、ついには公式キャラクターまで誕生してしまいました。もぐらをモチーフにした「もぐもぐ」です。好奇心のままに食卓を訪ね、世界中の食と文化を探検し、口癖は「もぐもぐ・ザ・ワールド」というどこかで聞いたことのあるキャラ設定になりました。自分がキャラのモデルになるのは若干照れくさいですが、ひとりでも多くの人に食でつながる素晴らしさを知ってほしいなと思います。

さて、僕自身が食卓を巡る旅はいったん終わりましたが、人を訪ねてご飯を食べる時代はまだはじまったばかりです。もっともぐもぐ、ずっとわくわく。そんな世界を実現するため、みんなでごはんを食べましょう。食と旅と人を愛するすべての皆様へ、さぁ、次は、あなたの番です。Let's キッチハイク！

２０２０年10月　山本家の食卓　東京

解説

山極壽一

食事は、人類にとって最も古い文化装置だし、家族は人類が世界中に広がる上で手にした強靭《きょうじん》な社会力の源泉だった。キッチハイクは、そのど真ん中に乗り込んで人間とは何かを探った、極めて興味深い挑戦だと思う。

キッチハイクとは、著者によるとキッチンのヒッチハイクで、旅先の見知らぬお宅を訪ねて、ごはんを食べる冒険を指すそうだ。キッチンジャックではなく、ハイクであるところがいかにも軽いノリですがすがしい。著者は当時20代後半の若者で、料理のプロではない。ただただ未知の食材と料理と出会いたくて、そしてそれを初めての家庭で味わいたくて旅に出た。その身軽さと冒険心、見知らぬ文化へのたゆみない好奇心と人への愛情がいっぱい詰まっている。

考えてみれば、家庭料理はいくらお金を出しても味わえるものではない。そこは他人が入り込むことが許されない領域だからである。今度の新型コロナウイルスによる感染症のパンデミックでも、唯一マスクをつけずに付き合えるのが家庭の中だ。ここは聖域であり、親族や親しい人でなければ入れない。著者はなぜ、わざわざそんな場所へ苦労して入り込もうとしたのだろうか。

それは、家庭という場所が、個性あふれる人間どうしが生の身体《からだ》と心を溶け合わせて過ごす場所であり、キッチンはその触媒となる食事を作り、食卓はそれを味わい打ち解けるためのキャンバスだからである。著者は言う。「キッチハイクの旅は、人と会って暮らしのど真ん中に飛び込む旅だ。ひとりひとりにとびきりの個性があって、知れば知るほど、いったい何が普通なのか、逆にどんどんわからなくなる。人と深く関われば関わるほど、国、文化といった、大きな枠組みで語ることができなくなる」。食事はアートであり、家庭の数だけそれぞれ違うアートが毎日提示されるのだ。しかも、それを私たちは五感のすべてを使って味わい、その気持ちを共有する。これは人間のもつ最高のコミュニケーションであると私は思う。

人間にとって食事は毎日やってくる社会行事だ。食物を胃に置いておける肉食獣と違って、人間は霊長類の仲間だから、毎日何度も食べなければならない雑食だ。しかも、数百万年前に住み慣れた熱帯雨林を離れて草原へと足を延ばしたとき、危険な肉食獣を避けて食物を安全な場所へ運び、仲間と分け合って食べることを始めた。これが家庭の始まりであり、両手を自由にした直立二足歩行は食物を運ぶために大いに役立ったと言われている。その後、肉食を取り入れ、火を用い、料理を編み出して、人間は食域を拡大した。食物は人と人をつなぎ、食事は家庭の外で専門の料理人が作るようになって、集団は大きくなり、社会は複雑になった。今では、食材は世界各地からやってきて、マーケットに並び、宅配便で何でも注文できる。大都市では世界中の食事が味わえるほどになっている。しかし、食事の原点である家庭のキッチンと食卓は現代でも生き残っている。

実はその意味はとても深い。それを著者の言葉から拾ってみよう（20年12月刊行の姉妹編『キッチハイク！　突撃！　世界の晩ごはん～ソフィーはタジン鍋より圧力鍋が好き編～』に収録の内容も含む）。フィリピンでは、「おいしさそのものには、きっと限界がある。でも、〝おいしく〟食べる工夫には、限界がないのかもしれない」。ウルグアイでは、「世界中のお母さんは台所職人、この世のごちそうの数は母親の数と同じ。おいしく平らげることが、母親への恩返しのひとつ。料理はプレゼンテーションだ。最後の盛りつけで印象が変わる」。モロッコでは、「勝手に作った異国のイメージがある。しかし現実はもっと生活に寄っているもの。世界遺産と違って、食卓は〝今〟躍動する暮らしのど真ん中」。その通りだと思う。食材には限りがあるし、懐事情も左右する。しかし、その場で得られる材料でどんな工夫が凝らされているか、そこには作る人のアイデアと、食べる人たちへの愛情が込められている。それを感じ取れる場所が家庭なのだ。

キッチンと食卓へ踏み込んでみた感想を著者は綴《つづ》る。オーストラリアでは、「食への姿勢が丁寧な人は、生活も美しく、豊かだ」。ブラジルでは、「僕は非日常より、日常が好きだ。お祭りよりも、普通の日がいい。『ハレ』よりも『ケ』に、哀愁や尊いたたずまいを見るのだ」。イギリスでは、「おばあちゃんとは、モノや布を重ねるのが好きな生き物だと思う」。キッチハイクは、家の外からは見えない住民の個性あふれる暮らしがわかる。それは、毎日親しい人たちと食卓を囲む場所に踏み込んでみて初めてわかる肌触りだ。同時にそこは、お国柄や文化だけでなく、ある世代に共通する感触が得られる場所でもある。だから著者は国や街の風景とは全く異なるカップルのいで立ちやふるまいに目を丸くし、彼らの意見に耳をそばだてることになるのだ。そのギャップが面白い。やはり百聞は一見に如かず。フランスのタトゥーいっぱいのカップル、デンマークの自治区クリスチャニア、オーストリアの真っ黄色のスーツに身を固めた紳士など、それまでの思い込みが一瞬のうちに崩壊する出来事に、著者とともに思わず身を乗り出してしまう。

見ず知らずの家に上がり込んでキッチンを覗《のぞ》き込《こ》み、ときには料理を手伝って、食卓でともに舌鼓を打つのは容易なことではない。私もいろんな国に出かけて食事に招かれたことがあるが、それは社交辞令か、ごくごく親しくなってからに限られる。初対面で食事に呼ばれるのは気を付けたほうがいい。何か下心がある場合が多いからだ。国や文化による違いもある。すぐに打ち解けて家に引っ張り込まれる国もあれば、親しくなっていっしょに食事をするようになっても、決して家には呼んでくれない国もある。まして初対面では、相手がわからないだけに危険も伴う。著者はどうやって初めて会う人の家にずかずかと上がり込めたのか。それは、著者が次から次へと人の縁を頼ったからである。食事を通じて知り合った仲間は、また次の信頼できる仲間を教えてくれる。そうやってできた縁は、初対面と言っても決して信頼を裏切ることはないだろう。それが著者の信念である。

著者は、「キッチハイカーの旅は、待ち人を訪ねる旅」だと言う。「旅先で待っていてくれる人がいるのは、とても幸せなことだ」とも。今ある友が未知らぬ友を作らせ、旅を計画させ、それを食事がつなぐ。ボリビアでは、「時には言葉が通じなくても、それはしょうがない。ただ、それでも、通じ合うことをあきらめず、別の手段、つまり胃袋を通じてつながれることを僕は信じて止まないのだ」。サンフランシスコでは、「魂の呼ぶ方へどんどん進む（中略）人生をちゃんと地続きにしていくこと。一貫性はなくても偶然が紡ぐ連続性のある人生は、なんておもしろいんだろう」とつぶやく。本書を読み進むうちに、その楽しさがしだいに胃袋を通じて体に行き渡り、自分も待ち人のいる旅に出てみたくなる。そして、食事を介して人とつながってみたくなる。

これからは、「遊動民の時代」だと私は思う。人間は一万二千年前に農耕・牧畜を始めるまで、七〇〇万年近く狩猟・採集をしながら遊動生活を送ってきた。自分で食料を生産せず、自然の恵みに頼ってそれを探し歩く毎日を送ってきたのだ。つまり、長い間人間は食材はその場でとれたものを用い、料理によってそれを改変しデザインして、親しい仲間といっしょに食卓を囲む毎日を送ってきたのだ。家族や共同体で数週間ごとに移動するから、所有物はなるべく少ないほうがいい。だから、あらゆるものをみんなで分け合い、問題が起こればみんなで知恵を出し合い解決する。現代の若い世代は、条件は違いこそすれ、そんな「遊動民」の生活スタイルに近づいているのではないか、と私には思えるのだ。若者たちはあまり所有物に固執せず、ネットで必要な物を交換し合い、車や家もシェアする傾向が強い。かつてのように、持っているものでその人物が評価されるのではなく、何をしたかという行為で評価される時代だ。自分にとって生きがいの感じられる仕事や場所を求めて若者たちは移動していく。新型コロナウイルスの影響でテレワークが当たり前になったので、どこにいてもできる仕事が増えた。だったら住む場所を固定しなくてもいい。

でも重要なのは信頼できる仲間をどう作るかである。人間は自分で自分を定義できない。信頼できる仲間から承認され、期待されて初めて自分を認識できる。そのネットワークを作るのに食事は欠かせない。食事は人間にとってもっとも古く、もっとも信頼性の高いコミュニケーションだからである。

キッチハイクを終えて、著者はその経験を生かしたＷｅｂサービスを始めたそうだ。

なるほど、うまいところに目を付けたなあと思う。ＩＣＴやＡＩが流行るデジタル社会は、人々が頭でつながるヴァーチャル世界を広げる。人間が身体を離れてどんどん仮想現実へと飛んで行ってしまう。それを現実の世界へしっかりつなぎとめ、生物として熱のある身体を感じさせるネットワークは食を通じてしか作れない。ぜひ、著者の思いと活動が実を結んでほしいと思う。

（やまぎわ・じゅいち　霊長類学者）

本書は2017年4月、集英社より刊行された
『キッチハイク！　突撃！　世界の晩ごはん』を
文庫化にあたり二分冊して再編集し、
単行本未収録コラムを加えたものです。

初出誌　「BRUTUS」(マガジンハウス)
No.747(2013年1月11日発売)〜No.809 (2015年09月15日発売)
連載コラム「世界の食卓から」

本文デザイン／織田弥生(401studio)
写真／山本雅也
イラスト／face

掲載された情報は、著者が旅した2013〜2014年のものです。

集英社文庫

キッチハイク！ 突撃《とつげき》！ 世界《せかい》の晩《ばん》ごはん ～アンドレアは素手《すで》でパリージャを焼《や》く編《へん》～

2020年11月25日 第1刷　　定価はカバーに表示してあります。

著　者　山本雅也《やまもとまさや》

発行者　徳永　真

発行所　株式会社 集英社

東京都千代田区一ツ橋2-5-10　〒101-8050

電話　【編集部】03-3230-6095

【読者係】03-3230-6080

【販売部】03-3230-6393（書店専用）

印　刷　図書印刷株式会社

製　本　図書印刷株式会社

フォーマットデザイン　アリヤマデザインストア　　マークデザイン　居山浩二

ISBN978-4-08-744179-6 C0195